Landfrauen-Rezepte aus

Franken

Barbara Rias-Bucher • Fotos: Fridhelm Volk

ULMER

Inhalt

Inhalt

Geleitwort der Landfrauen im Bayerischen Bauernverband
Bezirksverband Mittelfranken

Liebe Leserin, lieber Leser!

Das Loblied auf Franken, seine Küche und seine Keller kann keiner besser singen als der Franke selbst. Frankens Küchenkenner sind überzeugt, dass ihre Küche einmalig, herzhaft und schmackhaft ist. So vielfältig wie die fränkische Landschaft ist das, was in den Töpfen köchelt, in den Pfannen brät und in den Fässern heranreift.

Fränkische Würste zeugen von der Kreativität der fränkischen Metzger und wer sich als echter Frankenkenner gibt, für den ist die Schlachtschüssel ein ganz besonderer Genuss. Eine herzhafte fränkische Spezialität von der Sau ist das Schäuferla, natürlich mit Soß' und Klößen, ohne die für einen richtigen Franken eine Mahlzeit gar nicht komplett ist. Seit alten Zeiten ist auch der Karpfen sehr beliebt, in reinem Butterschmalz gebacken ein lukullisches Gedicht.
Wenn man von „Bamberger Zwiebeltretern" und von „Nürnberger Peterlasboum" spricht, dann ist die Rede von fränkischen Gebieten, aus denen nicht nur Zwiebel und Petersilie, sondern auch andere Gewürze und Kräuter kommen. Besonders erwähnen möchte ich zwei: den Kren (Meerettich), der vielerlei Speisen mit seiner pikanten Schärfe aufwertet und den Knoblauch, der einem ganzen Landstrich („Knoblauchsland") seinen Namen gab. Überhaupt spielt auch frisches Gemüse und Salat in der fränkischen Küche eine große Rolle.
Franken verzeichnet die größte Brauereidichte der Welt. Unverwechselbar süffige Biere werden in Biergärten und urigen Gaststätten ausgeschenkt, sorgfältig gebraut nach dem bayerischen Reinheitsgebot.
Aber nicht nur auf sein Bier, sondern auch auf seinen Wein, den berühmten Bocksbeutel, und die diversen Obstbrände ist der Franke stolz, denn die erzeugte Qualität lässt keine Wünsche offen.
Schon diese wenigen Beispiele zeigen, dass die typische fränkische Landküche mit dem auskommt, was von den Feldern, aus den Gärten, den Weihern und Flüssen, den Wäldern und den Weinbergen kommt.

Franken birgt viele kulinarische Geheimnisse, die in diesem Buch gelüftet werden. Ich lade Sie ein zu einer Entdeckungsreise fränkischer Lebensart.

Marlene Mortler
Bezirks- und stellvertretende Landesbäuerin

Kultur, Geschichte und Kulinarisches

Franken ist eine wunderbare Mischung aus köstlichen Zutaten: Kultur und Geschichte, großer Kunst und beachtlichem Kunsthandwerk, grandioser Landschaft und sympathischen alten Bräuchen. Dazu die gute Küche aus fränkischer Tradition: saftige Braten und kräftige Soßen, altehrwürdige Kartoffelgerichte und die merkwürdigsten Karpfen-Essen der Republik, üppiges Schmalzgebäck und deftige Kuchen zu Wein und Bier. Nürnberger Rostbratwürste sind berühmt wie Münchner Leberkäs, Elisenlebkuchen so weltbekannt wie Dresdner Christstollen oder Lübecker Marzipan. In diesem Weinland mit sanften Hügeln und weiten Flusstälern verstehen sich die Leute einfach aufs Kochen und Essen – seit Jahrhunderten.

Die ländliche Küche Frankens lässt sich natürlich immer und überall verwirklichen. Direkt vom Land kommen die authentischen Rezepte für eine fröhliche Vesper im eigenen Garten – vielleicht mit einem Fläschchen Bocksbeutel, dem gewiss berühmtesten Wein Deutschlands. Die bäuerlichen Traditionsgerichte bringen frisches Leben in unseres alltägliches Kochrepertoire. Schließlich finden Sie in diesem Buch noch ein paar Spezialitäten aus der üppigen Fürsten- und Patrizierküche fränkischer Metropolen wie Würzburg und Bamberg, Bayreuth und Nürnberg. So manche dieser Gerichte stammen aus der ländlichen Küche. Früher waren Stadt und Land ja viel stärker miteinander verbunden als heute. Da holten die Köchinnen die Lebensmittel vorwiegend vom Bauernmarkt, trugen taufrisches Gemüse, gute Kartoffeln, sahnige Butter und Eier von glücklichen Hühnern nach Hause.

Das alles wurde kombiniert mit den edlen Zutaten, die dem bürgerlichen Haushalt zur Verfügung standen: die verschiedensten exotischen Gewürze, Zitrusfrüchte, weißes Mehl und selbstverständlich die Zierde des Frankenlandes: Wein.

Nürnberg ist nicht nur wegen seiner Rostbratwürste eine Reise wert.

Die malerische Fränkische Schweiz ist ein wahrer Magnet für Naturfreunde.

Zuerst ein „Veschperla"

Darunter versteht man zweierlei: Die Vesper – oder neudeutsch: den Imbiss – selbst und alles was man zu dieser Gelegenheit auf den Tisch stellt. Zum Beispiel die Käsecreme namens „G'rupfter" (Seite 40), die in Unterfranken zu Hause ist. Nebenan in Oberfranken mischt man sich den „Zibelaskäs" aus Quark mit Milch und Kräutern, vor allem den grünen Favoriten Petersilie und Schnittlauch. Das schönste „Veschperla" sind Würste – einfach, aber beileibe nicht simpel. Denn fränkische Würste zählen zu den Kunstwerken des Metzgerhandwerks.

Weltberühmt und auch außerhalb Frankens relativ leicht zu bekommen sind die Nürnberger Rostbratwürstchen. Die original „Broutwärscht", nach alter Tradition gerade so lang wie ein kleiner Finger, müssen über Buchenholzkohle geröstet werden und liegen dann schön heiß und kross gewöhnlich im Dutzend auf einem Zinnteller mit Weinsauerkraut. „Blaue" oder „saure Zipfel" gehören von jeher zur typischen fränkischen Brotzeit und zu vielen anderen Gelegenheiten, die man außerhalb Frankens nicht unbedingt mit herzhaften Würsten verbindet: Die Zipfel genießt man um Mitternacht, wenn andere Leute ihre Gulaschsuppe löffeln. Sie kommen bei Festen als Vorabendschmaus auf den Tisch, wenn zwischen Kaffee und Kuchen und dem „Veschperla" noch eine kulinarische Lücke klafft. Geräucherte Bratwürste, „Schlot-Engerle", auch „Bauernseufzer" oder „Kaminteufel" genannt, isst man zu kernigem Bauernbrot, frisch geriebenem Meerrettich, einem süffigen Bier oder einem Schoppen Frankenwein.

Danach ein bisschen Fleisch

Edel wie Silvanerkoteletts oder Weinhähnchen (Seiten 62 und 56) oder deftig wie den Kärrnersbraten (Seite 66) mögen die Franken das Fleisch. Vom Rinderbraten der Mainflößer und der Würzburger Fuhrleute, den „Kärrnern", gibt es verschiedene Varianten: Mal wird das Fleisch gekocht und anschließend im Ofen geschmort, mal nur geschmort. Möglich ist auch die einfachste und vermutlich älteste Version, die gefüllte Brust nur zu sieden. Denn der „Braten" gilt von jeher als Gericht aus der ärmlichen Küche. Fleisch im Topf aber konnten früher die meisten Frauen zubereiten, gab es doch zumindest eine Feuerstelle im Haus. Über einen Backofen verfügten nur die Wohlhabenden. Im Mittelpunkt der Fleischgenüsse steht natürlich das fränkische Hochzeitsessen: Gesottenes Rindfleisch, entweder als „Hochzeitsrinderbraten" (Seite 64) nach dem Originalrezept eines alten Nürnberger Kochbuchs oder als Krenfleisch mit reichlich Meerrettich (Seite 68) zur Feier des Tages aus dem Tafelspitzstück, während man es als preiswertes Jeden-Tag-Gericht mit dem Nackenstück zubereitet.

Dazu isst man Meerrettichsoße, Preiselbeerkompott und breite Nudeln. Die gute Brühe kommt zuvor mit Nudeln, kleinen Semmelklößen und gerösteten Bratwurststückchen als erster Gang auf den Tisch. Zum Dessert schmecken je nach Jahreszeit Apfel- oder Hollerküchel.

Am Hochzeitsessen können Sie gut erkennen, welche Gerichte über viele Generationen als etwas besonders Gutes galten. Auf dem Land wählte man immer ein paar Lebensmittel aus den bürgerlichen Haushalten – Geflügel, Rind, Kalb und Reis –, denn die Dörfer waren Hei-

Fleisch von artgerecht gehaltenenem fränkischen Braunvieh ist eine Delikatesse.

mat vieler Frauen, die als Köchin oder Dienstmädchen in der Stadt arbeiteten. Und die kochten dann zur ländlichen Hochzeit das Besondere, das sie bei ihrer städtischen „Herrschaft" kennen gelernt hatten.

Bis vor wenigen Jahren gehörte auch Rindfleisch immer zur Bauernhochzeit. Als willkommene Abwechslung zu Krenhaxe oder Rippchen vom Schwein (Seiten 70 und 80) wurde es zum Mittelpunkt des Festschmauses erkoren. Früher ging es dabei sehr üppig zu: Wer seine Gäste verwöhnen und sich selbst viel Ehre antun wollte, servierte ein komplettes Menü als „Mittagsmahle", wie es in der Beschreibung einer Bauernhochzeit aus dem Jahre 1865 heißt. Zuerst Suppe mit Semmelklößchen und Weckschnitten, einer Art Croûtons, danach Rindfleisch mit Meerrettich – ein ganzes Pfund pro Person! Es folgten noch Schweinebraten, verschiedene Würste und ein Stück Buttertorte für jeden Gast. Das zweite Essen kam nach dem Schenken: Mit Reissuppe und Rind, Rindfleisch mit saurer Soße, dazu gebackene Semmelklöße, noch mal Schwein und zum Abschluss Speckkuchen (Seite 44).

Nach dem alten Text trugen die Köchinnen von allem so reichlich auf, damit sich die Leute ordentlich die Bäuche voll schlagen konnten und noch genügend zum Mitnehmen hatten.

Der Fisch aus dem Teich …

… kommt in verschwenderischer Fülle von September bis April auf den Tisch. Dann nämlich setzen fränkische Gastwirte Karpfen auf die Speisekarten: Neben den gebackenen und „blau" gesottenen Fischen können Sie etwa 16 weitere Spezialitäten kosten – darunter höchst Delikates wie Räucherkarpfen und Karpfenfilets in Weinsoße, aber auch so Merkwürdiges wie Karpfensuppe mit Nudeln. In Mittelfranken, vor allem den Landkreisen Erlangen-Höchstadt und Neustadt-Bad Windsheim liegt nämlich das größte Teichgebiet der Bundesrepublik. Hier reihen sich etwa 1500 ange-

Karpfen wird in Franken auf vielerlei Weise zubereitet.

legte und natürliche Bach- und Quellweiher zu kilometerlangen Ketten – grandios fürs Auge, höchst erfreulich für den Gaumen. Und aus diesem „Aischgrund" rund um die Flüsse Aisch und Aurach kommt der berühmte Aischgründer Karpfen: ein spezieller Spiegelkarpfen mit nur wenigen Schuppen, hohem Rücken und stumpfer Schnauze.

Die fränkische Karpfenzucht ist übrigens sehr alt: Im Jahre 1217 erwarben Zisterzienser-Mönche aus dem Kloster Waldsassen das Gut Tirschenreuth und legten dort zwei Teiche von jeweils etwa 150 Tagwerk an. Im 14. und 15. Jahrhundert kümmerten sich neben den Geistlichen auch weltliche Grundherren um den Ausbau der Teichwirtschaften. Wegen des hohen Grundwasserspiegels in diesen Flussauen reichten Ackerbau und Viehzucht allein nicht aus, die Menschen zu ernähren. So brauchten die Bauern eine andere Einnahmequelle: die Karpfenzucht. Und dieser Tradition ist man im Aischgrund treu geblieben.

Aus dem Gemüsegarten

Wie den Karpfen haben die Franken auch ihr Gemüse eigentlich den Mönchen zu verdanken. Diese beherrschten die hohe Kunst, aus wilden Pflanzen mit strengem Geschmack mild schmeckendes Gemüse zu züchten. So ist die ländliche Küche mit ihrer fantastischen Vielfalt an erntefrischen Gurken und Kürbissen, Kohlrabi und Möhren, Lauch und Zwiebeln, Rettichen und einer ganzen Palette von Blattsalaten zum großen Teil aus der klösterlichen Garten- und Kochkunst entstanden.

Zu jeder echten ländlichen Küche gehören auch ganz einfache Gemüsearten. In Franken ist es das Kraut: Lockere dunkelgrüne Köpfe und fein aromatischen Spitzkohl gibt es im Sommer als Salat und Gemüse.

Im Spätherbst, nach den ersten leichten Nachtfrösten, schließen sich die Krautköpfe, bleiben hellgelb unter den blaugrünen Außenblättern. Dann ist das feste, lagerfähige Winterkraut reif zum Ernten. Manche Bauern verkaufen es noch heute nicht an die Industrie, sondern legen es selber ein – fast so wie früher. Damals zog der Krautschneider mit dem Krauthobel über der Schulter von Hof zu Hof, von Dorf zu Dorf. Er legte den Hobel über zwei Holzböcke. Darunter breitete die Bäuerin ein Leintuch für das fein geschnittene Kraut. Jede Lage wurde im Fass eingesalzen und mit Wacholder und Lorbeer gewürzt. Ein Kind begann mit dem „Eintreten", bis das Kraut Saft abgab. Zum Schluss deckte die

Frisches Gemüse ist ein fester Bestandteil der fränkischen Küche.

Bäuerin ein frisches Tuch über das Fass, legte Bretter darüber und beschwerte das Kraut mit Steinen.

Im Winter erntet man auf dem Land vorwiegend Rapunzel für den Salat, sonst bereiten die Frauen das „Frische" und das Gemüse aus Wurzeln: Pastinaken, Schwarzwurzeln, Gelbe Rüben, Petersilienwurzeln und früher auch die Wurzeln von Wegwarten. Nicht zu vergessen den Meerrettich: Zu Franken gehört einfach der frische Kren, den Sie von Oktober bis Februar in Supermärkten mit gut sortierter Gemüseabteilung, beim Gemüsehändler und auf dem Markt bekommen. Gerieben in Gläsern und Tuben konserviert gibt es Meerrettich zwar das ganze Jahr über, doch das hieße für die traditionsbewussten Franken die guten Gaben ihres Landes zu missachten. Schließlich gehört der „Kree" zu den typischen Produkten, die in der Region wachsen und geradezu verschwenderisch konsumiert werden: Falls Sie Meerrettich bisher nur als Hauch auf dem Räucherlachs kannten, wird Ihnen der fränkische Griff „in die Vollen" erst einmal eine Tränenflut entlocken – zum Beispiel in der „Kreesuppe" mit gerösteten Brotwürfeln und frischen Schnittlauchröllchen oder der Krenhaxe aus dem Sud (Seite 70).

Frisch geriebener Kren hat viel mehr Würze als Kren aus dem Glas.

Bauernfest mit Metzelsuppe und Kesselfleisch

Mit Beginn der kalten Jahreszeit Ende November oder Anfang Dezember kam bei kleinen und großen Bauern wieder die Zeit zum Schlachten. Auch andere Leute, die auf dem Land wohnten, fütterten den Sommer über zwei Schweine mit Küchenabfällen. Nach Martini wurde eines verkauft, das andere geschlachtet. Das bedeutete harte Arbeit, die mit fröhlichem Feiern ausklang und mit wohl gefüllter Vorratskammer belohnt wurde.
Nach getaner Arbeit gab es die Metzelsuppe – für alle, die mitgeholfen hatten, für alle, die ihre Küchenabfälle an die Sau verfüttert hatten, für Lohnmetzger und Fleischbeschauer. Und für alle, die ein paar Tage später schlachten und einladen würden. Was übrig blieb von der Metzelsuppe, kochten die Frauen ein. Einen Teil aßen viele Franken am Heiligen Abend nach der Christmette – die Suppe wurde zur „Mettensuppe". Der Rest musste bis zum nächsten Schlachttag im Februar reichen.
Die Würste kamen in den Rauch, die Blutwürste noch zusätzlich auf den Dachboden zum Lufttrocknen. Im Frühjahr waren sie dann hart wie die echte luftgetrocknete Salami und schmeckten auch genauso gut. So reichte ein einziges Schwein für vier Leute bis Ostern. Fleisch gab es ja nur einmal pro Woche – ein Pfund für die ganze Familie.
Wann das alles war in Franken? Bis in die siebziger Jahre des 20. Jahrhunderts.

ıs Kartoffeln zaubert
ın in Franken
ꞏstliche Spezialitäten.

Dann füllten sich die Regale der Supermärkte mit billigem Fleisch aus Massentierhaltung. Viele Menschen vergaßen, wie kernig und aromatisch der Braten von einer „artgerechten" Sau schmeckt. Doch heute gibt es glücklicherweise immer mehr Landwirte, die ihre Tiere wie Lebewesen behandeln und nicht wie bloße „Fleischproduzenten". Und deshalb gibt es in vielen fränkischen Gasthöfen (wieder) die Hausschlachtung.

Ohne sie geht gar nichts: Kartoffeln

Die Kartoffel kam zwar schon Mitte des 16. Jahrhunderts aus ihrer Heimat Südamerika nach Europa, avancierte aber erst 1750 allmählich zum unentbehrlichen Grundnahrungsmittel. Nördlich der Donau haben Köchinnen und Köche sich mit viel Fantasie des neuen Lebensmittels angenommen. Zum Beispiel schichten sie rohe Kartoffelscheiben in eine kräftig gefettete Form, würzen mit Salz und Pfeffer und übergießen das ganze mit Milch oder einer Mischung aus Milch und Sahne. Dadurch wird das „Bratl" schön saftig. Obenauf kommen ein paar dünne Schweinerippchen, die ihr Fett beim Braten abgeben und für das richtige Aroma sorgen. Streuen Sie zum Schluss reichlich gehackte Petersilie darüber und servieren Sie eine große Schüssel grünen oder bunten Salat dazu.

Klöße machen selbst geübten Köchinnen eine Menge Arbeit und gelingen leider nicht immer. Inzwischen gibt es Fertig- und Halbfertigprodukte in guter Qualität: rohen Kartoffelteig aus der Kühltheke, Tiefkühl-Klöße und Kloßpulver. Wichtig bei Klößen aus Teig und Pulver: gefüllt mit gerösteten Weißbrotwürfeln werden sie schön locker.

„Saure Rädla" (Seite 94), ein preiswertes Gericht aus Resten, stammt vom alten deftigen Bauernessen ab, das früher an Schlachttagen auf den Tisch kam: Frische, majoranwürzige Leberwurst wurde in der

Fränkische Kartoffelkloßkunde

- *„Baamwollne Kleeß", „Seidene" oder „Kochta Ärpflkleeß" bestehen aus einem Teig mit gekochten Kartoffeln.*
- *„Halbseidene", „Stärkkleeß" oder auch „Coburger Klöße" mischt man zu gleichen Teilen aus den rohen und gegarten Knollen.*
- *„Griena Kleeß" sind Klöße aus rohen Kartoffeln, die in allen Kloßregionen einst als Meisterstück der Hausfrau galten.*
- *„Kniedla" heißen Klöße in Mittelfranken und der Nürnberger Gegend, „Klües" in Oberfranken und „Kleeß" in Unterfranken.*

*Zu einem frän-
kischen Gericht
gehört ein
Schoppen guter
Frankenwein*

Pfanne knusprig gebraten und zu den separat gekochten Kartoffeln mit Essig-Gurken-Soße gegessen. Viele fränkische Gasthäuser halten die Erinnerung an dieses ländliche Festmahl noch lebendig, indem sie die sauren Rädla zu fränkischen Bratwürsten, den „Bauernseufzern", servieren.

Die edle Variante aus der bürgerlichen Küche Frankens ist ebenfalls weit mehr als hundert Jahre alt und vermutlich von Böhmen inspiriert: Ein schönes, saftiges Stück Rindfleisch wird frisch gekocht, das saure Kartoffelgemüse mit der Rinderbrühe zubereitet und als Beilage zum Fleisch angerichtet.

Selbst bei Spätzle schwören die Franken auf Kartoffeln: Wie man „Potacknspotzn" aus Kartoffelteig zubereitet, lesen Sie auf Seite 102. Wie die Knödel können Sie sie aus fertigem Kloßteig für rohe Kartoffelklöße herstellen. Er muss nur noch portioniert und geformt werden. Wer keinen frischen Teig bekommt, nimmt eine Packung Pulver für rohe Klöße, bereitet ihn nach Anweisung zu und formt daraus die „Spatzen" wie beschrieben.

Oder man macht sich an das Originalrezept: 1 Kilogramm kalte Pellkartoffeln fein reiben. Salz, etwa 75 Gramm feines Mehl und 2 Eier zugeben und alles mit den Händen zu einem geschmeidigen Teig kneten, den man gut formen kann. Falls er zu weich ist, bleibt er an den Händen haften, dann nach und nach noch ein bis zwei Löffel Mehl untermischen.

Zum Nachtisch

Bei den süßen Sachen kann man die Herkunft vielleicht am besten erkennen. Traubentorten kommen natürlich aus den fränkischen Weinbauregionen, und es gibt sie in ganz unterschiedlichen Varianten. In der Gegend um Volkach füllt man einen Biskuitboden mit frischen und getrockneten Trauben und üppiger Quarkcreme. Um Miltenberg im Mainviereck kommen Kuchen mit Streuseln auf die Kaffeetafel. Und das Rezept für die Torte auf Seite 124 mit Mürbeteig, frischen Trauben, Nüssen und Eierguss habe ich in einem alten Nürnberger Kochbuch gefunden.

Ähnlich spannend ist es bei den „Koichla" zur „Kerwa": Von den Kirchweihküchlein im Rezept auf Seite 114 können normale Esser ohne weiteres zwei Stück zum Kaffee verputzen. Bei richtigen „Kniekoichla" aber schafft man das nicht, denn die sind mindestens doppelt so groß. Besonders geschickte und traditionsbewusste Hausfrauen ziehen die Teigkugeln über dem Knie aus, wobei das typische „Fenster" in der Mitte und der dicke Ring außen entstehen.

Wer es eilig hat mit dem wunderbar saftigen Hefegebäck, lässt das Ausziehen schon mal sein und backt „Kopfkissla“: Den Teig gut fingerdick ausrollen, mit dem Teigrädchen zu Vierecken schneiden und nochmals gehen lassen. Im heißen Fett, fleißig beschöpft, plustern sie sich dann hoch auf. Einig sind sich alle Franken jedoch in einem Punkt: Nur frisch schmecken die „Koichla“, am besten gleich nach dem Abkühlen. In jedem Fall sollte man sie noch am Tag der Zubereitung servieren.

Zwei Fastengerichte in diesem Buch sind etwa 200 Jahre alt: Brotmännla (Seite 120) gilt heute oft als Resteverwertung für alt gewordenes Brot. Doch früher, als weiße Weizenmehlbrötchen noch zu den Delikatessen der Reichen gehörten, als man für Zitronen und Vanille noch viel Geld zahlen musste, war der köstliche süße Auflauf ein richtig edles Essen. Die gebackenen Nudeln mit Preiselbeeren (Seite 106) tauchen als „Fränkische Nudeln“ im „Baier'schen Kochbuch für Fleisch und Fasttäge“ auf. Die Herausgeberin des Kochbuchs, Johanna Maria Huberinn, rät die Teighäuflein mit Eingemachtem oder mit Weinbeeren zu füllen – ganz im Sinne des Wein- und Obstlandes Franken.

Lassen Sie mich nun mit Dichterlob schließen: „Meine Frau grüßt Sie auf das innigste. Die Bamberger Luft schlägt ihr an, sie wird zu meiner Freude dick und fett“, schrieb E.T.A. Hoffmann, Wahl-Bamberger von 1808 bis 1813, an einen Freund.

TIPP

Fein geschnittenes Hühnerfleisch, grüne Erbsen oder blanchierter, gehackter Spinat ergänzen die Suppe hervorragend.

Wer geröstetes Mehl nicht mag, lässt es mit der Butter weg und rührt stattdessen noch ein Ei in die kochende Fleischbrühe.

Baumwollsuppe

Zutaten für 4–5 Personen

1 l kräftige Fleischbrühe
1 kleine Knoblauchzehe
1 kleine Möhre
1 Bd Schnittlauch
2 EL Butter
2 gestrichene EL Mehl
4 Eier
Salz
weißer Pfeffer
etwas geriebene Muskatnuss
etwas abgeriebene Zitronenschale

- Die Fleischbrühe erhitzen
- Inzwischen den Knoblauch abziehen und zerdrücken
- Die Möhre schälen und in feine Streifen schneiden
- Den Schnittlauch waschen, trockentupfen und in feine Röllchen schneiden
- Die Butter in einem Topf zerlassen
- Den Knoblauch und die Möhren darin bei schwacher Hitze andünsten
- Das Mehl darüber streuen und goldgelb rösten
- Die ganzen Eier einzeln unterrühren
- Die kochende Fleischbrühe unter weiterem Rühren langsam zugeben, bis die Eier gestockt sind und die Suppe „flaumig“ ist
- Mit Salz, Pfeffer, Muskat und Zitronenschale abschmecken und mit dem Schnittlauch bestreut servieren.

Alte Rezeptnamen haben die Köchinnen oft nach dem Aussehen geprägt. So auch bei dieser Suppe, die durch die verquirlten Eier so flaumig wie ein Büschelchen Baumwolle wirkt. Vergessen Sie den Knoblauch nicht – für die fränkische Küche ist er so typisch wie für die hoch gepriesene mediterrane Ernährung. Im kargen sandigen Boden rund um Nürnberg gedeihen die Knofelknollen ganz prächtig.

Dicke Wintersuppe

Zutaten für 4 Personen

400 g Suppengemüse (Knollensellerie, Petersilienwurzel, Möhren und Porree gemischt)

1 helles Weizenbrötchen

1/2 Bd Petersilie

1 EL Öl

1 TL Mehl

1 l Fleisch- oder Gemüsebrühe

1 EL Butterschmalz

150 g Sahne

4 TL frisch geriebener Meerrettich

Salz

weißer Pfeffer

- Das Suppengemüse waschen und schälen oder schaben
- Sellerie, Petersilienwurzel und Möhren zuerst in dünne Scheiben, dann in streichholzdünne Stifte schneiden
- Den Porree in dünne Ringe teilen
- Das Brötchen würfeln
- Die Petersilie waschen, trockentupfen und fein zerkleinern
- Das Öl in einem Topf erhitzen
- Zerkleinertes Gemüse darin bei mittlerer Hitze unter Rühren anbraten, bis es leicht gebräunt ist
- Das Mehl unterrühren und die Brühe unter Rühren zugießen
- Die Suppe aufkochen und zugedeckt bei schwacher Hitze etwa 5 Minuten garen, bis das Gemüse gerade eben weich ist
- Inzwischen das Butterschmalz in einer großen Pfanne erhitzen
- Die Brötchenwürfel darin bei schwacher Hitze goldbraun braten, dabei immer wieder wenden
- Etwa die Hälfte der Sahne steif schlagen und mit dem Meerrettich und 1 EL Petersilie vermischen
- Die restliche Sahne in die heiße Suppe rühren und alles noch einmal erhitzen, aber nicht mehr aufkochen
- Suppe mit Salz und Pfeffer abschmecken und auf Tellern verteilen
- Die geschlagene Meerrettichsahne auf die Suppenportionen setzen und mit einer Gabel nur leicht verrühren
- Zuerst die gerösteten Brötchen, dann die restliche Petersilie auf die Suppe geben
- Heiß servieren.

TIPP

Eine gute Suppe zum Sattessen, die Bauch und Seele wärmt, wenn's draußen stürmt und schneit. Wer sie lieber etwas leichter als Vorspeise für 5 Personen kochen will, nimmt 1 1/4 l Brühe und ein ganzes Bund Petersilie. Die Stiele abzupfen, ganz fein zerkleinern und mit dem Gemüse garen – das gibt noch mehr Aroma.

Suppe mit fränkischen Fischen

Zutaten für 4 Personen

1 Schalotte

2 Knoblauchzehen

3 fest kochende Kartoffeln (ca. 300 g)

je 1/4 Bd Petersilie und Dill

400 g gemischte Fischfilets (Saibling, Forelle, Zander und eventuell Weißfisch)

1 EL Zitronensaft

Salz

frisch gemahlener Pfeffer

3 EL Olivenöl

2 Lorbeerblätter

1 großes Stück unbehandelte Zitronenschale

1 kleine Dose gehackte Tomaten (ca. 400 g)

400 ml Fisch- oder Gemüsefond (Glas)

1/4 l trockener fränkischer Riesling

1/4 TL Zucker

- Die Schalotte und den Knoblauch abziehen und fein zerkleinern
- Die Kartoffeln schälen, waschen und in daumennagelgroße Würfel schneiden
- Die Petersilie und den Dill waschen, trockentupfen und die Blättchen abzupfen
- Die Blättchen und die Stiele getrennt fein zerkleinern
- Die Fischfilets in fingerbreite Streifen schneiden, mit Zitronensaft, Salz und Pfeffer würzen
- 2 EL Öl in einem Topf erhitzen
- Schalotte, Knoblauch, Kartoffeln, Lorbeer, Zitronenschale und zerkleinerte Kräuterstiele darin bei schwacher Hitze etwa 2 Minuten anbraten
- Tomaten mit der Flüssigkeit, Fond und Wein zugeben, aufkochen und die Suppe etwa 10 Minuten garen, bis die Kartoffeln weich sind
- Das restliche Öl in einer Pfanne erhitzen
- Die Fischstreifen nebeneinander in das Öl legen, mit 3 bis 4 EL heißer Brühe begießen und zugedeckt in 2 Minuten fast gar ziehen lassen
- Auf gut vorgewärmten Suppentellern anrichten
- Die Suppe mit Zucker, Salz und Pfeffer abschmecken und kochend heiß über den Fisch geben
- Mit den Kräuterblättchen bestreut sofort servieren.

Tipp

Eigentlich lässt man den Fisch in der Suppe gar ziehen. Doch separat in der Pfanne können Sie ihn wirklich auf den Punkt dünsten: Die Filets bleiben saftig und zerfallen nicht. Die Zeit sollten Sie dabei eher knapp bemessen, denn beim Übergießen mit der heißen Suppe ziehen die Stücke noch nach.

Oberfränkische Brennsuppe

Zutaten für 4 Personen

1 EL Butter

60 g Weizenschrot

1 l Fleischbrühe

1 TL abgeriebene Schale von 1 unbehandelten Zitrone

Salz

Cayennepfeffer

frisch geriebene Muskatnuss

1 TL Zitronensaft

je 1 Bd Schnittlauch und Petersilie

2 EL Schmant

- Die Butter in einem Topf zerlassen
- Das Weizenschrot darin bei mittlerer Hitze etwa 1 Minute unter Rühren rösten
- Die Brühe nach und nach zugießen und dabei weiterrühren, bis die Suppe glatt ist
- Mit Zitronenschale, Salz, Cayennepfeffer und Muskatnuss würzen, aufkochen und zugedeckt bei schwacher Hitze 15 Minuten garen
- Inzwischen Schnittlauch und Petersilie waschen, trockentupfen und sehr fein zerkleinern
- Den Schmant in die Suppe rühren und die Kräuter untermischen
- Die Suppe auf gut vorgewärmten Tellern verteilen und sofort servieren, damit sie richtig heiß ist.

Ein richtiges fränkisches Erntezeit-Süppchen. Korn liefert ja nicht nur Brot. Früher war es eine Währung, mit der man dem Grundherrn Pachtzins, dem Staat die Steuer entrichten konnte.
Es ließ sich gegen Dinge tauschen, die man nicht vom Acker holen konnte – den Wollstoff für die Winterkleidung, das Schwein zum Mästen und Schlachten. Ohne Saatgut gab es keine neue Ernte, ohne Brot konnten – und können! – die Menschen nicht leben.

TIPP

Eine gute, kräftige Fleischbrühe für diese Traditonssuppe fällt bei vielen fränkischen Gerichten an, zum Beispiel beim Kärrners- oder Hochzeitsbraten (Seiten 66 und 64). Selbstverständlich schmeckt sie auch mit Gemüsebrühe – allerdings muss die dann sehr intensiv gewürzt sein.

Graupensuppe mit Kren

Zutaten für 3–4 Personen

1 Knoblauchzehe

50 g Gerstengraupen

1 EL Butterschmalz

3/4 l Gemüse- oder Fleischbrühe

1 Lauchzwiebel

1 Stück frische Meerrettichwurzel (etwa 30 g)

Salz

geriebene Muskatnuss

2 EL Zitronensaft

3 EL süße Sahne

- Den Knoblauch abziehen und fein zerkleinern
- Die Graupen auf ein Sieb geben und kalt abspülen, bis das ablaufende Wasser ziemlich klar bleibt
- Das Butterschmalz in einem Topf erhitzen, Graupen und Knoblauch darin bei mittlerer Hitze unter Rühren anbraten
- Die Brühe zugeben, die Suppe einmal aufkochen und zugedeckt bei schwacher Hitze 20 Minuten garen, bis die Graupen weich sind
- Inzwischen die Lauchzwiebel putzen, waschen und fein zerkleinern; den Meerrettich schälen, waschen und auf der Rohkostreibe fein reiben
- Lauchzwiebel, Meerrettich und Sahne in die Suppe rühren und noch etwa 2 Minuten ziehen, aber nicht kochen lassen
- Die Suppe mit Salz, Muskatnuss und Zitronensaft abschmecken und auf gut vorgewärmten Tellern anrichten.

Im Gemüsefach des Kühlschranks halten sich die gewaschenen, ungeschälten Wurzeln etwa vier Wochen. Zum längeren Aufbewahren stecken fränkische Hausfrauen die Krenwurzeln ungewaschen und ungeschält in ein Gefäß mit feuchtem Sand oder wickeln sie in Alufolie und lagern sie im kühlen Keller. In der Stadt muss man sich auf die moderne Technik verlassen – den Meerrettich geschält und gerieben in fest schließenden Gefäßen einfrieren.

Tipp

Frisch gerieben wird Meerrettich schnell grau und verliert seine Schärfe. Deshalb mit etwas Zitronensaft mischen und zugedeckt höchstens eine Stunde stehen lassen.

In warme Gerichte erst unmittelbar vor dem Servieren mischen und nicht aufkochen.

Achten Sie darauf, dass Sie die Hände beim Reiben von Meerrettich nicht an die Augen bringen und danach sofort waschen. Kinder sollen nicht mit frisch geriebenem Meerrettich in Berührung kommen.

Gurkensuppe

Zutaten für 4 Personen

700 g Schmorgurken
1 kleine Zwiebel
1 Knoblauchzehe
1 EL Butter
1 EL Öl
1 EL Mehl
3/4 l Gemüse- oder Geflügelbrühe
1 Handvoll Sauerampfer oder Petersilie
100 g Crème fraîche
Salz
weißer Pfeffer

- Die Gurken schälen, längs halbieren, die Kerne mit einem Löffel herauskratzen
- Gurkenhälften in kleine Stücke schneiden
- Abgezogene Zwiebel und Knoblauch fein zerkleinern
- Die Butter und das Öl erhitzen
- Gurke, Zwiebel und Knoblauch darin bei schwacher Hitze glasig braten
- Mehl darüber streuen und leicht anrösten
- Die Brühe langsam zugießen und rühren, bis die Suppe glatt ist
- Einmal kräftig aufkochen und zugedeckt bei schwacher Hitze etwa 20 Minuten garen, bis die Gurken sehr weich sind
- Inzwischen Sauerampfer oder Petersilie waschen, trockentupfen und fein zerkleinern
- Die Suppe pürieren, dabei die Crème fraîche untermischen
- Suppe noch einmal erhitzen, aber nicht mehr aufkochen
- Mit Salz und grobem Pfeffer aus der Mühle abschmecken
- Mit Sauerampfer oder Petersilie bestreut servieren.

TIPP

Diese Sommersuppe isst man auch kalt: fertig abgeschmeckt mit Salz und Pfeffer mindestens 3 Stunden zugedeckt kühlen. Die Kräuter erst unmittelbar vor dem Servieren zugeben.

Im Winter nimmt man „Ranen", also Rote Bete statt der Gurken, würzt mit getrockneten oder eingefrorenen Kräutern und schmeckt mit einem guten Schuss feinem Rotwein- oder Obstessig ab. Zum Anschwitzen von Zwiebel und Knoblauch eignet sich Raps- oder Sonnenblumenöl, das mit Kümmel aromatisiert ist.

Mostsuppe

Zutaten für 4 Personen

75 ml Sahne

1 gestrichener EL Mehl

2 Eier

3/4 l halbtrockener Weißwein

50 g feiner Zucker

abgeriebene Schale von 1/2 unbehandelten Zitrone

je 1 Msp gemahlene Muskatblüte (Mazis) und Zimtpulver

- Die Sahne steif schlagen
- Mehl und 1/8 l Wasser in einen Topf geben und glatt rühren
- Die Eier mit dem Wein kräftig verquirlen
- Zucker, Zitronenschale, Muskatblüte und Zimt untermischen
- Den Topf auf die Kochstelle setzen
- Die Suppe unter ständigem Rühren gerade so lange erhitzen, bis sie dampft und dick wird
- Nicht aufkochen, sonst gerinnen die Eier
- Die Suppe in sehr gut vorgewärmte Suppentassen geben
- Die Sahne als Klecks auf die Portionen setzen und mit einer Gabel locker untermischen
- Suppe sofort servieren.

In Franken versteht man unter „Moust" den einjährigen Wein. Immer ist Most gewissermaßen ein Zwischenstadium: kein Traubensaft mehr, doch auch noch kein „reifer" Wein. Früher nur in den Weinregionen zu bekommen, ist der „Junge" mittlerweile überall beliebt. Er passt ausgezeichnet zu herbstlichen Genüssen wie Speck- und Zwiebelblootz, den fränkischen Varianten der französischen Quiche Lorraine und des Elsässer Zwiebelkuchens.

Tipp

Diese süße Suppe ist nichts für Kinder, denn der Alkohol im Wein verdampft beim kurzen Erhitzen nicht.

Für eine herzhafte Mostsuppe 1 Schalotte fein zerkleinern und in 1 EL Butter anschwitzen. Das Mehl zugeben und hell anrösten. Mit 1/8 l kräftiger Fleischbrühe aufgießen. Wie im Rezept zubereiten, allerdings den Zucker weglassen. Die Suppe mit gekörnter Brühe, Mazis, Zitronenschale und etwas Zimt abschmecken.

Nürnberger Kartoffelsuppe

Zutaten für 4 Personen

2 mittelgroße mehlig kochende Kartoffeln

1 Stück Knollensellerie (ca. 100 g)

1 große Möhre

1 große Zwiebel

2-3 Knoblauchzehen

1 EL Butterschmalz

1 l Gemüse- oder Fleischbrühe

2 EL Öl

2 dünne Scheiben kräftiges Bauernbrot (etwa 40 g)

1 EL Zitronensaft

1 EL Crème fraîche

Salz

schwarzer Pfeffer

1 EL beliebige frisch zerkleinerte Kräuter (Petersilie, Dill, Kerbel, Schnittlauch und / oder Brunnenkresse)

- Die Kartoffeln, den Sellerie und die Möhre schälen, waschen und in kleine Würfel schneiden
- Die Zwiebel abziehen und halbieren
- Eine Zwiebelhälfte und den abgezogenen Knoblauch fein zerkleinern und in 1 TL heißem Butterschmalz bei schwacher Hitze glasig braten
- Kartoffeln und Gemüse zugeben und kurz mitrösten
- Brühe zugießen, aufkochen und die Suppe zugedeckt bei schwacher Hitze etwa 20 Minuten garen, bis Kartoffeln und Gemüse sehr weich sind
- Inzwischen die andere Zwiebelhälfte in dünne Ringe schneiden
- Im restlichen heißen Butterschmalz mit dem Öl bei schwacher Hitze weich und goldgelb braten
- Die Brotscheiben hellbraun toasten, halbieren und in eine Suppenterrine legen
- Die Zwiebelringe mit dem Bratfett darauf verteilen und zugedeckt warm halten
- Die Suppe pürieren, Zitronensaft und Crème fraîche untermischen
- Mit Salz und Pfeffer abschmecken und über Brot und Zwiebeln gießen
- Mit den Kräutern bestreut servieren.

Kartoffeln mögen auch die Nürnberger am liebsten, wenn sie gleichsam ihre Form verloren haben: zerdrückt in der Suppe, gerieben als Kloß oder Backers (Kartoffelpuffer), in Scheibchen geschnitten und bunt gemischt im Salat. Salzkartoffeln mit viel Petersilie bekommen Sie zum blau gekochten Fisch. Pellkartoffeln aber gelten im alten Kartoffelland als kulinarische Notlösung. Und davon halten die Franken überhaupt nichts.

Pilzsuppe

Zutaten für 4 Personen

1 kg gemischte Pilze
1 kleine Zwiebel
1/2 Bd Petersilie
2 EL Butter
1 EL Mehl
1/2 l Gemüse- oder Fleischbrühe
100 g süße Sahne
Salz
frisch gemahlener weißer Pfeffer
1 EL Zitronensaft

- Die Pilze putzen, waschen und blättrig schneiden
- Die abgezogene Zwiebel und die gewaschene Petersilie fein zerkleinern
- Die Butter erhitzen
- Zwiebel und die Hälfte der Petersilie darin bei schwacher Hitze dünsten, bis die Zwiebel glasig ist
- Die Pilze zugeben und bei starker Hitze unter Rühren etwa 2 Minuten braten
- Das Mehl unterrühren, die Brühe langsam zugießen und rühren, bis die Suppe glatt ist
- Die Pilzsuppe zugedeckt bei schwacher Hitze 10 Minuten garen
- Die Sahne untermischen und erhitzen, aber nicht mehr aufkochen
- Suppe mit Salz, Pfeffer und Zitronensaft abschmecken
- Auf vorgewärmten Tellern verteilen und mit der restlichen Petersilie bestreut servieren.

Tipp

Für die Pilzsuppe nehmen die meisten fränkischen Hausfrauen süße Sahne. Sauerrahm oder Crème fraîche passt nicht so gut zum zarten Pilzaroma.

Wer keine Mischpilze bekommt, nimmt weiße oder braune Champignons und verfeinert die Suppe mit ein paar Tropfen Trüffelöl oder etwas Pilzpulver: Gekaufte oder selbst gesuchte, getrocknete Steinpilze im Möser ganz fein zerreiben und die Suppe beim Zugießen der Brühe damit würzen.

TIPP

Für die Suppe brauchen Sie „alte“ Kartoffeln aus der Herbsternte des vergangenen Jahres, die es gerade noch gibt, wenn auch Sauerampfer und der erste Frühjahrspinat auf den Markt kommen.

Sauerampfersuppe

Zutaten für 4 Personen

1 mittelgroße mehlig kochende Kartoffel

1 kleine Zwiebel

1 Knoblauchzehe

2 EL Butter

1 l Fleisch- oder Hühnerbrühe

je 100 g Sauerampfer und Blattspinat

100 g Crème double

Salz

weißer Pfeffer

1 EL Zitronensaft

- Die Kartoffel schälen, waschen und klein würfeln
- Zwiebel und Knoblauch abziehen und fein zerkleinern
- 1 EL Butter in einem Topf erhitzen
- Kartoffel, Zwiebel und Knoblauch darin bei schwacher Hitze anbraten, bis die Zwiebel glasig ist
- Die Brühe zugießen, Suppe aufkochen und etwa 15 Minuten kochen lassen, bis die Kartoffel ganz weich ist
- Inzwischen Sauerampfer und Spinat waschen
- In reichlich Wasser sprudelnd kochen, bis die Blätter intensiv grün sind
- Abgießen, etwas ausdrücken und in die Suppe geben
- Die Suppe pürieren, dabei die restliche Butter und die Crème double zugeben
- Die Suppe erhitzen, aber nicht mehr aufkochen
- Mit Salz, Pfeffer und Zitronensaft abschmecken und in heißen Suppentellern anrichten.

Im Land der Feinschmecker und Gemüsefans kommen die frischen Kräuter nicht zu kurz. Gewiss steht Petersilie an erster Stelle der Beliebtheitsskala, doch das erste Grün von Gartenbeet und Wiese würzt Suppen und Salate, Soßen und Eiergerichte, die das Osterfest begleiten. So ist diese Suppe eben auch typisch mit Kerbel oder einer Mischung aus verschiedenen Kräutern. Nehmen Sie dazu einfach ein Bund Kräuter für „Grüne Soße“, das die meisten Gemüsehändler im Frühjahr anbieten.

Blaue Zipfel

Zutaten für 4 Personen

1/4 l milder Weißweinessig

1 EL Salz

2 EL Zucker

je 1 TL Senf- und schwarze Pfefferkörner

2 Lorbeerblätter

3 Gewürznelken

4 Wacholderbeeren

3 Zwiebeln

2 kleine Möhren

12 fränkische Bratwürste (je 80 g) oder andere feine Bratwürste

1–2 EL fein zerkleinerte Petersilie

- In einem flachen Topf 1 1/4 l Wasser mit Essig, Salz, Zucker und allen Gewürzen aufkochen
- Die Zwiebeln abziehen, halbieren und in dünne Scheiben schneiden
- Die Möhren schälen und ebenfalls in dünne Scheibchen schneiden
- Beide Zutaten in den Sud geben, erneut aufkochen und in etwa 5 Minuten bei schwacher Hitze gerade eben weich kochen
- Die Bratwürste in den nicht mehr kochenden Sud geben und etwa 10 Minuten darin erhitzen, bis sie prall und bläulich gefärbt sind
- Pro Portion 3 Bratwürste in gut vorgewärmte tiefe Teller geben
- Mit Zwiebeln und Möhren belegen, mit etwas Sud übergießen und mit der Petersilie garniert warm servieren.

Blaue oder saure Zipfel heißen die gesottenen Würste, weil sie im Sud so blau und würzig werden. Wer mag, gart sie in einer Mischung aus Essig und Frankenwein. Dann sind sie allerdings nichts für Kinder, denn der Alkohol verdampft beim Kurzgaren nicht.

Tipp

Die Würste dürfen nicht kochen, sonst platzt die Haut.

Nicht original fränkisch, aber fein: Würste beim Anrichten mit fein gehacktem Schnittlauch bestreuen. Oder Lauchzwiebeln statt der weißen Zwiebeln verwenden.

Typische Beilagen: knuspriges Schwarzbrot vom Laib, in manchen Familien auch Sauerkraut und Senf.

Nürnberger Gwerch

Zutaten für 4 Personen

200 g Nürnberger Stadtwurst oder andere grobe Fleischwurst im Ring

200 g weißer und roter Presssack

2 Zwiebeln

Salz

schwarzer Pfeffer

6 EL milder Essig

3 EL geschmacksneutrales Öl

eventuell 2 EL fein zerkleinerte Petersilie

- Die Haut von Wurst, Presssack und Zwiebeln abziehen
- Wurst und Zwiebeln in möglichst dünne Scheiben, den Presssack in feine Streifen schneiden
- Alles in einer Schüssel mit Salz, grobem Pfeffer aus der Mühle, Essig, 2 bis 3 EL kaltem Wasser und dem Öl mischen
- Gwerch etwa 30 Minuten ziehen lassen und zum Servieren auf einer Platte anrichten
- Nach Wunsch mit der Petersilie bestreuen
- Dazu passt kräftiges Bauernbrot mit Butter.

Gwerch bedeutet vielerlei. Zunächst mal hat es gar nichts mit Essen zu tun – es ist einfach ein „Durcheinander“.
Zur Hauptverkehrszeit nach Arbeitschluss herrscht „a rechts Gwerch“ auf den Straßen.
Gwerch in der Küche kann Chaos bedeuten, bei Tisch ist es ein misslungenes Essen. Nur bewusst und richtig gemischt mögen die Franken ihr „Gwerch“ – zum Beispiel als Salat wie oben mit gewürzter Fleischwurst und Presssack oder als Creme aus Limburger Käse mit Butter und Rettich. Ein fast vergessenes Traditionsgericht ist Gwerch aus Ochsenmaul. Stücke aus dem Kopffleisch, wie Wurstsalat mit reichlich Essig und gutem Öl angemacht. Bis um 1800 war Ochsenmaul nur billiges Essen für Dienstboten und kleine Leute. Dann stieg es auf in die gute bürgerliche Küche. Alte Kochbücher beschreiben genau, wie aufwändig das Ochsenmaul vorbereitet werden muss, bis es als feiner Salat serviert werden kann. Übrigens werden auch oft fertiges Ochsenmaul vom Metzger, Wurst und Presssack zum „Gwerch“ gemischt.

G'rupfter

Zutaten für 6 Personen

1 milde rote Zwiebel

1/2 Bd Petersilie

500 g verschiedene Käsesorten zu gleichen Teilen (siehe Tipp)

1 EL weiche Butter

2 EL saure Sahne

Salz

schwarzer Pfeffer

eventuell 1 TL Kümmelkörner

- Die Zwiebel abziehen, die Petersilie waschen und trockentupfen
- Beide Zutaten ganz fein zerkleinern
- Die Käsesorten ebenfalls fein zerkleinern und in eine Schüssel geben
- Butter, Sahne, Zwiebel, die halbe Menge Petersilie, Salz und Pfeffer zufügen und mit einer Gabel vermischen
- Eventuell den Kümmel ganz oder im Mörser zerdrückt untermischen.
- Den G'rupften auf einer Platte anrichten und mit der restlichen Petersilie bestreut servieren.

„G'rufter" ist Bestandteil der fränkischen Veschperla, der Brotzeit. Er wird zu kräftigem, möglichst selbst gebackenem Bauernbrot oder frischen Brezeln gegessen. Weitere Beilagen sind Radieschen oder Rettich. Nicht typisch, aber ausgezeichnet: vollreife Tomaten, am besten frisch vom Strauch.

TIPP

Pikante Käsecreme gibt es in vielen Regionalküchen. In Franken mischt man nicht nur Camembert wie in Bayern oder Quark wie in Schlesien, sondern verschiedene Käsesorten: zum Beispiel Sahnequark, geraspelten Butterkäse, zerdrückten reifen Camembert, Edelpilzkäse, Weißlacker oder Weinkäse.

Geröstete Knödel

Zutaten für 2 Personen

4 kalte Kartoffelklöße vom Vortag

1 großes Bd Schnittlauch

je 1 EL Öl und Butterschmalz

2 Eier

3 EL Milch

Salz

frisch gemahlener schwarzer Pfeffer

frisch geriebene Muskatnuss

- Die Klöße in möglichst dünne Scheiben schneiden
- Öl und Schmalz in einer großen Pfanne erhitzen
- Die Klöße darin bei schwacher bis mittlerer Hitze auf beiden Seiten rösten, bis sie eine Kruste haben; das dauert etwa 15 Minuten
- Inzwischen den Schnittlauch waschen, trockentupfen und in feine Röllchen schneiden
- Die Eier mit Milch, Salz, Pfeffer und Muskat verquirlen und über die Klöße gießen
- Zugedeckt bei schwacher Hitze etwa 2 Minuten braten, bis die Eier gestockt sind
- Mit dem Pfannenwender in Stücke teilen und unter Wenden noch etwa 1 Minute rösten
- Mit den Schnittlauchröllchen bestreut auf heißen Tellern anrichten.

TIPP

Die Klöße müssen natürlich nicht unbedingt selbst gemacht sein: Kartoffelklöße aus fertigem Teig oder Pulver tun es auch. Nur kalt müssen sie sein, damit sie sich gut aufschneiden und braten lassen.

Simple Resteverwertung und dennoch ein feiner Imbiss. Mit Ei und Salat schmecken die Klöße am besten, ohne Ei essen traditionsbewusste Franken sie auch zu Kompott.

Nicht original fränkisch, aber sehr gut: Semmelklöße können Sie ebenso zubereiten, allerdings grundsätzlich mit Eiern; das hält sie beim Braten saftiger. Sehr fein und obendrein gesund: unter die Eier noch ein paar frisch gehackte Kräuter mischen.

Speckkuchen
mit Äpfeln und Majoran

Zutaten für 6–8 Personen

Für den Teig:

1 Päckchen Trockenhefe

400 g Weizenmehl (Type 1050)

100 g Roggenmehl (Type 997)

Salz

2 zimmerwarme Eier

1 EL Zitronensaft

50 g Butter

Für den Belag:

200 g durchwachsener Räucherspeck

500 g Zwiebeln

1 EL Öl

schwarzer Pfeffer

je 1/2 Bd glatte Petersilie und Majoran

Salz

2 Eier

125 g Sahne

1/8 l Milch

100 g mittelalter Gouda

1 kg Äpfel (Cox Orange, Elstar, Gloster)

1 EL Zitronensaft

1 EL Kümmelkörner

Fett für das Blech

- Die Hefe mit Zucker und 1/8 l lauwarmem Wasser mischen und dabei auflösen
- Diesen Vorteig zugedeckt bei Zimmertemperatur 15 Minuten gehen lassen
- Inzwischen die beiden Mehlsorten mit Salz mischen
- Die Eier und den Zitronensaft mit 1/8 l lauwarmem Wasser verquirlen
- Die Butter bei schwacher Hitze zerlassen
- Den Vorteig unter das Mehl mischen
- Eiermischung und Butter zugeben und den Teig 5 bis 10 Minuten kneten, bis er Blasen bildet und sich vom Schüsselrand löst
- Zugedeckt bei Zimmertemperatur etwa 1 Stunde gehen lassen, bis sich sein Volumen verdoppelt hat
- Inzwischen den Speck in kleine Würfel schneiden
- Die Zwiebeln abziehen und in feine Ringe schneiden
- Speck und Zwiebeln im heißen Öl bei schwacher bis mittlerer Hitze glasig braten
- Kräftig mit Pfeffer aus der Mühle würzen und abkühlen lassen
- Die Petersilie und den Majoran waschen, trockenschwenken, fein zerkleinern und untermischen
- Die Mischung mit Salz abschmecken
- Die Eier mit Sahne, Milch, Salz und Pfeffer verquirlen
- Den Käse reiben
- Die Äpfel waschen, vierteln, vom Kerngehäuse befreien und in dünne Schnitze oder kleine Würfel schneiden
- In einer Schüssel mit dem Zitronensaft und dem Kümmel vermischen
- Den Backofen auf 180 °C (Umluft 160 °C, Gas Stufe 3) vorheizen
- Den Teig auf einem gefetteten Backblech zu einem großen Fladen ausrollen

- Rundherum einen Wulst als Rand hochziehen
- Zuerst die Äpfel, dann die Zwiebelmischung, die Eiersahne und zum Schluss den Käse auf dem Teigboden verteilen
- Den Speckkuchen in den heißen Backofen (untere Schiene) schieben und 35 bis 40 Minuten backen, bis die Füllung gerade eben fest und die Teigränder schön gebräunt sind.

TIPP

Den Kuchen gerade eben abgekühlt als Imbiss zum neuen Wein reichen. Oder als Hauptgericht mit Sauerkraut oder grünem Salat servieren – auch das ist typisch für Franken.

Man sollte ihn eigentlich „Herbstblatz" nennen; genau wie Pfälzer, Badener und Elsässer ihren Zwiebelkuchen essen die Franken diesen herzhaften Fladen mit Zwiebeln, Speck, Rahm und Ei nicht nur an Kirchweih, sondern so lange es Federweißen dazu gibt. Der heftig gärende Traubenmost, der einen so richtig „durchräumt", schmeckt am besten zu so deftigem Gebäck.

Forelle in Weinsoße

Zutaten für 2 Personen

2 frische, küchenfertige Forellen (je ca. 350 g)

Salz

weißer Pfeffer

1 kleine unbehandelte Zitrone

1 Schalotte

3 Zweige Petersilie

2 EL Öl

1 EL Butter

1/8 l trockener Weißwein

Salzkartoffeln sind in Franken sehr beliebt, kommen aber nicht pur auf den Tisch. Man schwenkt sie noch in Butter, mischt sie mit fein zerkleinerter Petersilie oder mit Schnittlauchröllchen.

- Forellen innen und außen mit Salz und Pfeffer würzen
- Die Zitrone waschen, ein großes Stück Schale dünn abschneiden und in feine Streifen schneiden
- Den Saft auspressen
- Die Forellen damit beträufeln und ruhen lassen, bis die anderen Zutaten vorbereitet sind
- Die Schalotte und die gewaschene Petersilie getrennt ganz fein zerkleinern
- 1/2 EL Petersilie zur Zitronenschale geben
- Das Öl in einem Bräter erhitzen
- Den Rest der Petersilie und die Schalotte darin bei schwacher Hitze dünsten, bis die Schalotte glasig ist
- Die Forellen darauf legen, die Butter in kleinen Stücken darüber verteilen und den Wein dazu gießen
- Die Fische zugedeckt bei schwacher Hitze 30 Minuten garen
- Dabei immer wieder mit dem Fond im Bräter beträufeln
- Forellen auf vorgewärmten Tellern anrichten
- Petersilie und Zitronenschale darüber streuen
- Mit Salzkartoffeln und Salat servieren.

Tipp

Der Bräter muss so groß sein, dass die Fische nebeneinander darin Platz haben.

Nehmen Sie zum Garen der Fische am besten fränkischen Müller-Thurgau, einen meist leichten, blumigen Wein, der dem Fond die gute Würze gibt.

Das Beträufeln ist wichtig, damit die Forellen schön saftig bleiben. Andere Möglichkeit: Die Fische mit gefettetem Butterbrotpapier abdecken.

Karpfen im Bierteig

Zutaten für 4–6 Personen

1 Karpfen (ca.1,2 kg)
2 Eier
Salz
weißer Pfeffer
150 g feines Mehl
200 ml dunkles Bier
1 EL scharfer Senf
2 EL Zitronensaft
geschmacksneutrales Öl zum Backen

- Den Fisch vom Händler der Länge nach teilen und entgräten lassen
- Für den Teig die Eier mit Salz, Pfeffer und 100 g Mehl verrühren
- Das Bier langsam zugeben und rühren, bis der Teig glatt ist
- Die Fischhälften rundherum trockentupfen
- Den Senf mit dem Zitronensaft verrühren, die Fischhälften damit auf beiden Seiten bestreichen
- Kräftig mit Salz und mit Pfeffer würzen
- Das restliche Mehl auf einen Teller geben
- In einer großen tiefen Pfanne oder einem weiten Schmortopf reichlich Öl erhitzen
- Die Fischhälften zuerst im Mehl wenden, dann in den Bierteig tauchen und in das heiße Öl legen
- Bei mittlerer bis schwacher Hitze pro Seite etwa 5 Minuten backen, bis der Fisch goldbraun und gerade eben durchgegart, aber noch richtig saftig ist
- Herausnehmen und kurz auf einer dicken Lage Küchenpapier abtropfen lassen
- Auf einer gut vorgewärmten Platte mit Zitronenscheiben und Petersiliensträußchen anrichten und sofort servieren.

Tipp

Dazu schmecken Kartoffelsalat mit einem kräftigen Schuss mildem Essig und grüner Salat mit reichlich Kräutern.

Meefischle

Zutaten für 4 Personen

4 frische, küchenfertige Weißfische von je ca. 250 g oder 800 g Mainfische

Salz

frisch gemahlener weißer Pfeffer

2 Zitronen

8 Zweige krause Petersilie zum Garnieren

2–3 EL Öl

80 g Mehl

etwa 150 g Semmelbrösel

70 g Butterschmalz

- Die Fische mit einem Küchentuch abtrocknen, innen und außen mit Salz und Pfeffer würzen
- Die Zitronen achteln, die Petersilie waschen und trockentupfen
- Beide Zutaten auf 4 Portionstellern verteilen
- Öl, Mehl und Semmelbrösel auf 3 Tellern bereitstellen
- Das Butterschmalz in einer großen Pfanne erhitzen
- Die Fische nacheinander im Öl, im Mehl und in den Semmelbröseln wenden und im heißen Schmalz bei mittlerer Hitze knusprig backen
- Auf den vorbereiteten Portionstellern anrichten und heiß servieren.

„Meefischle" sind mittlerweile schon ein Geheimtipp – fingerlange und daumendicke Main-Fischlein, die es im Frühjahr gibt, werden schwimmend in Fett ausgebacken. Außerhalb der Flussregionen bekommt man sie kaum noch, außerhalb Frankens gar nicht. Nehmen Sie stattdessen Weißfische (beim Fischhändler vorbestellen), die Sie nach Wunsch auf beiden Seiten mit einem scharfen Messer in etwa fingerbreiten Abständen einschneiden können. Dann mit Salz, Pfeffer und Zitronensaft würzen, in Mehl wenden und im heißen Schmalz pro Seite etwa 5 Minuten braten.

Tipp

Dazu isst man wie zum gebackenen Karpfen eine gute Portion Kartoffelsalat in der typischen Marinade mit kräftiger Brühe, Essig und reichlich Zwiebeln.

Waller auf Wurzelgemüse

Zutaten für 6 Personen

1,2 kg Wallerfilet

1 dünne Stange Porree

2 Stangen Sellerie

1 Petersilien- oder Pastinakenwurzel

1 Möhre

1 Stück Knollensellerie (ca. 200 g)

1/4 l trockener Weißwein

1/8 l Weißweinessig

1 EL Salz

2 Päckchen Fischgewürz

2 Zitronenscheiben

2 EL fein zerkleinerter Dill

Zum Auftunken der Butter gibt es Salzkartoffeln – für Pellkartoffeln schwärmt man nirgendwo in Süddeutschland. Und grünen Salat essen die Franken viel lieber als Gemüse, vielleicht, weil er so gut zu ihren köstlichen à-la-minute-Gerichten passt.

- Die Fischfilets in vier Stücke schneiden
- Porree und Selleriestangen putzen und waschen
- Die Petersilienwurzel oder Pastinake, die Möhre und den Knollensellerie schälen
- Porree und Selleriestangen schräg in etwa 1/2 cm breite Stücke schneiden
- Das Wurzelgemüse zuerst in Scheiben, dann in feine Stifte schneiden
- In einem großen Topf 2 l Wasser, Wein, Essig, Salz, Fischgewürz und Zitronenscheiben aufkochen
- Zuerst das Gemüse im Sud einmal kräftig aufkochen
- Den Waller in den Sud legen und im offenen Topf bei mittlerer Hitze langsam zum Sieden bringen, bis im Sud kleine Bläschen aufsteigen
- Fischstücke darin etwa 5 Minuten gar ziehen lassen, dabei darauf achten, dass der Sud immer nur perlt, aber nicht sprudelt
- Die Fischstücke auf vorgewärmten, tiefen Tellern anrichten und mit einem Esslöffel Sud beträufeln
- Das Gemüse aus dem Sud und den Dill darüber verteilen.

Tipp

Waller oder Wels war einst während der Fastenzeit ein edles Gericht für weltliche und geistliche Fürsten. Noch heute werden für den großen Raubfisch geradezu fürstliche Preise verlangt. Gute Alternativen sind Karpfen oder Forelle.

Hechtenkraut

Zutaten für 4 Personen

2 kleine Zwiebeln
2 EL Öl
500 g Sauerkraut
knapp 200 ml Apfelmost
2 Lorbeerblätter
1 TL weiße Pfefferkörner
4 Wacholderbeeren
1 TL brauner Zucker
Salz
frisch gemahlener weißer Pfeffer
700 g Hechtfilet
1 kleines Bd Petersilie
150 g Schmant
5 EL halbtrockener Weißwein
1 EL Zitronensaft
2 EL Semmelbrösel
30 g Butter

- Die Zwiebeln abziehen und fein zerkleinern
- In einem großen Bräter 1 EL Öl erhitzen, die Zwiebeln darin bei schwacher Hitze glasig braten
- Sauerkraut, Apfelmost, Lorbeerblätter, Pfefferkörner und Wacholderbeeren zugeben, mit Zucker und Salz würzen
- Aufkochen und zugedeckt bei schwacher Hitze 30 Minuten garen
- Den Backofen auf 220 °C (Umluft 190 °C, Gas Stufe 5) vorheizen
- Die Hechtfilets kalt abspülen, trockentupfen und in etwa 3 cm breite Stücke schneiden
- Mit Salz und grobem Pfeffer würzen
- Die Petersilie waschen, trockentupfen und fein zerkleinern
- Schmant und Wein verrühren, zum Kraut gießen und die Petersilie untermischen
- Die Fischstreifen auf das Kraut legen und mit dem Zitronensaft beträufeln
- Die Semmelbrösel darüber streuen und die Butter in Flöckchen darauf legen
- Das Hechtenkraut im offenen Bräter in den Ofen (mittlere Schiene) stellen und etwa 20 Minuten backen, bis es eine goldgelbe Kruste hat
- Dazu passen Salzkartoffeln.

Frankreich lässt grüßen – wie so häufig in der süddeutschen Küche. Das Hechtenkraut ist typisch für Franken, doch im Elsass gibt es ein ähnliches Gericht. Die regionale Küche wanderte – mit den Köchen, die fürstliche Frauen nach ihrer Heirat zu ihrem neuen Haushalt begleiteten und mit Handwerkern, die nach ihrer Gesellenprüfung erst mal auf die Walz gingen und schließlich in ihre Heimat zurückkehrten.

Coq au Vin
auf fränkische Art

Zutaten für 2–3 Personen

1 Hähnchen (ca. 1,3 kg)
Salz
100 g kleine Zwiebeln
2–3 Knoblauchzehen
2 mittelgroße Möhren
100 g durchwachsener Räucherspeck
6 Lorbeerblätter
3 Gewürznelken
schwarzer Pfeffer
1/8 l fränkischer Silvaner
1 EL Crème fraîche
1 EL fein zerkleinerte Petersilie

In Deutschland eher ungewöhnlich: Brot als Beilage zum Hauptgericht. Die Franken lieben es – ihr würziges Bauernbrot, das viele Frauen auf dem Land auch heute noch selbst backen. Man isst es zum „Wein-Gockerla" ebenso gerne wie zum G'ruften (Seite 40) oder zu Blauen Zipfeln (Seite 36).

- Das Hähnchen waschen, abtropfen lassen, halbieren und trockentupfen
- Rundherum mit Salz einreiben
- Die Zwiebeln und den Knoblauch abziehen, die Möhren schälen
- Knoblauch zerdrücken, Möhren in dünne Scheiben schneiden
- Den Speck würfeln
- Den Backofen auf 200 °C (Umluft 180 °C, Gas Stufe 3) vorheizen
- Das Öl in einem großen Bräter erhitzen
- Den Speck darin bei schwacher Hitze glasig braten
- Herausnehmen und auf einen Teller geben
- Die Hähnchenhälften mit der Hautseite nach unten ins Speckfett legen, bei starker Hitze braun anbraten und ebenfalls herausnehmen
- Die Zwiebeln und die Möhren im Fett unter Rühren bei mittlerer Hitze rundherum leicht braun anbraten
- Den Knoblauch dazugeben und bei schwacher Hitze hell anschwitzen
- Speckwürfel wieder in den Bräter geben, Lorbeerblätter und Gewürznelken darauf verteilen
- Hähnchenhälften mit der Haut nach oben darauf legen und mit reichlich Pfeffer aus der Mühle bestreuen
- Den Wein an den Seiten zugießen
- Das Hähnchen zugedeckt in den heißen Backofen (untere Schiene) stellen und etwa 40 Minuten schmoren, bis beim Anstechen nur klarer Saft, aber kein Blut mehr austritt
- Hähnchen portionieren und auf einer gut vorgewärmten Platte anrichten
- Den Schmorfond mit der Crème fraîche verrühren, mit Salz und Pfeffer abschmecken und auf dem Hähnchen verteilen
- Mit der Petersilie bestreut servieren.

TIPP
Ein Rezept aus einem alten, handgeschriebenen fränkischen Kochbuch, zeitgemäß abgewandelt: Die dunkle Mehltunke ist zur leichten Soße aus Rotwein, Wildfond und Sahne geworden, fein abgeschmeckt mit herb-süßem Sanddornmark.

Wildgulasch

Zutaten für 4 Personen

2 Päckchen getrocknete Mischpilze (etwa 30 g)

750 Wildgulasch (ohne Knochen)

50 g durchwachsener Räucherspeck

1 kleine Zwiebel

200 ml Wildfond (Glas)

1/8 l trockener Rotwein

2 EL Öl

1 EL Tomatenmark

Salz

weißer Pfeffer

je 1 große Msp gemahlenes Piment und Muskatblüte (Mazis)

1 Stück unbehandelte

Zitronenschale

1 EL ungesüßtes Sanddornmark

125 g Schmant

2 EL Portwein

- Die Pilze in 1/8 l lauwarmem Wasser etwa 1 Stunde einweichen
- Inzwischen das Fleisch von Fett, Sehnen und Häuten befreien
- Den Speck fein würfeln, die Zwiebel abziehen und fein zerkleinern
- Die Pilze aus dem Wasser nehmen und auf einem Sieb kalt abspülen
- Das Einweichwasser durch eine Kaffeefiltertüte gießen, um Erdreste zu entfernen, die sich aus den Pilzen gelöst haben
- Mit Fond und Wein mischen
- Das Öl in einem Schmortopf erhitzen
- Das Fleisch portionsweise darin bei starker bis mittlerer Hitze rundherum anbraten
- Herausnehmen und auf einer Platte beiseite stellen
- Speck und Zwiebel in den Schmortopf geben und bei schwacher Hitze glasig braten
- Ebenfalls herausnehmen
- Das Tomatenmark im Topf unter Rühren kräftig anrösten
- Nach und nach etwa die Hälfte der Fond-Wein-Mischung zugießen, den angesetzten Bratfond damit ablösen und jeweils sämig einkochen
- Fleisch, Zwiebel und Speck wieder zugeben, mit Salz, Pfeffer, Piment und Mazis würzen
- Den Rest der Fond-Wein-Mischung zugießen und aufkochen
- Die Zitronenschale zugeben und das Gulasch bei schwacher Hitze zugedeckt 45 Minuten schmoren
- Pilze zugeben und weitere 15 Minuten schmoren
- Sanddorn, Schmant und Portwein verrühren, in das Gulasch geben und alles noch einmal unter Rühren erhitzen
- Mit Salz und Pfeffer abschmecken.

PORT

Gefüllter Fasan

Zutaten für 2 Personen

1 altbackene Laugenbrezel

1 Päckchen getrocknete Mischpilze (15 g)

5 EL Milch

50 g durchwachsener Räucherspeck

1 kleine Zwiebel

1/2 unbehandelte Zitrone

2 EL Butterschmalz

1 TL getrockneter Thymian

Salz

frisch gemahlener schwarzer Pfeffer

1 küchenfertiger Fasan (ca. 1 kg)

1 EL Öl

ca. 1/8 l Geflügelbrühe

1/2–1 EL Himbeeressig

2 EL Crème double

- Für die Füllung das Salz von der Brezel abstreifen, Brezel in kleine Stücke brechen oder schneiden und mit den gewaschenen Trockenpilzen in eine Schüssel geben
- Die lauwarme Milch darüber geben und alles ziehen lassen, bis die anderen Zutaten vorbereitet sind
- Den Speck in kleine Würfel schneiden
- Die Zwiebel abziehen und fein zerkleinern
- Ein großes Stück Zitronenschale dünn abschälen und in feine Streifen schneiden
- Den Saft der Zitrone auspressen
- Das Butterschmalz erhitzen
- Speck und Zwiebel darin bei schwacher Hitze glasig braten
- Brezel, Pilze, Zitronenschale, Saft und Thymian zugeben und bei mittlerer Hitze unter Rühren schmoren, bis die Mischung glatt und die Flüssigkeit verdampft ist
- Mit Salz und grobem Pfeffer würzen, von der Kochstelle nehmen und abkühlen lassen
- Fasan mit Salz und Pfeffer würzen
- Die Füllung hineingeben und die Öffnung verschließen
- Das Öl in einem Bräter erhitzen
- Den Fasan darin rundherum in etwa 15 Minuten bei starker bis mittlerer Hitze anbraten, bis die Haut goldbraun ist
- Die Brühe zugeben, den Fasan zugedeckt bei schwacher Hitze 30 Minuten schmoren; er ist gar, wenn beim Anstechen kein Blut, sondern klarer Saft ausläuft
- Fasan herausnehmen, halbieren, auf gut vorgewärmten Tellern anrichten und zugedeckt warm halten
- Den Schmorsud nach Wunsch bei starker Hitze sämig einkochen. Mit Crème double verrühren, mit dem Himbeeressig würzen und über den Fasanenhälften verteilen.

Tipp

Zum herbstlichen Fasanenessen passen Bauchstecherla (Rezept Seite 84) oder Klöße und Blaukraut. Außerdem gibt es Preiselbeerkompott, natürlich am besten von selbst gesuchten Früchten, die in der Fränkischen Schweiz und gleich „nebenan" im Bayerischen Wald wachsen.

> **TIPP**
> Mit Kartoffelbrei und Feldsalat oder grünem Salat servieren. Zu trinken gibt es den Silvaner, den Sie auch zum Schmoren genommen haben.

Fränkische Silvanerkoteletts

Zutaten für 4 Personen

4 Schweinenackenkoteletts (je ca. 230 g)

Salz

frisch gemahlener schwarzer Pfeffer

2 EL Mehl

1 EL Öl

1 Bd Lauchzwiebeln

2 Schalotten

4 mittelgroße, reife Tomaten

400 g Äpfel (am besten Cox Orange, Reno oder Delbart)

1 Prise Zucker

1/8 l fränkischer Silvaner

- Den Backofen auf 200 °C (Umluft 180 °C, Gas Stufe 3) vorheizen
- Die Schweinekoteletts trockentupfen, mit Salz und grobem Pfeffer würzen und im Mehl wenden
- Im heißen Öl pro Seite knapp 1 Minute kräftig braun anbraten
- Nebeneinander in eine Gratinform legen
- Die Lauchzwiebeln putzen, waschen und mit dem saftigen Zwiebelgrün sehr schräg in Ringe schneiden
- Die Schalotten abziehen und klein würfeln
- Beide Zutaten im Fett der Koteletts glasig und gerade eben weich braten
- Abkühlen lassen
- Die Tomaten abziehen und würfeln
- Die Äpfel vierteln, schälen und in Schnitze teilen, dabei vom Kerngehäuse befreien
- Mit den Tomaten, den Zwiebeln, dem Zucker, Salz und einer kräftigen Prise Pfeffer mischen und über den Koteletts verteilen
- Den Wein an den Seiten zugießen
- Die Form mit Alufolie verschließen und in den heißen Ofen schieben
- Die Koteletts etwa 20 Minuten schmoren.

Fränkischer Silvaner, die charakteristische Rebsorte der Region, gilt als der feinste Deutschlands. Je nach Bodenbeschaffenheit und Klimavarianten entwickelt jeder Wein seinen „Körper" – gehaltvoll oder leicht, zart oder eher plump. Kosten Sie die Silvaner Frankens: Ob aus dem Mainviereck um Miltenberg, der Gegend um Würzburg und Volkach oder dem Steigerwald mit seinen Keuperböden – immer werden Sie die Unterschiede in Frucht, Gehalt und Bouquet feststellen.

TIPP

Sie brauchen ein flaches Stück vom Rind, das sich beim Garen nicht wölbt. Sonst rutscht die Kruste beim Überbacken in die Soße.

Den Braten können Sie gut vorbereiten: Knochenbrühe kochen und das Fleisch darin garen. In der Brühe abkühlen lassen und bis zum nächsten Tag zugedeckt in den Kühlschrank stellen.

Hochzeitsbraten

Zutaten für 6 Personen

1 Zwiebel

1 Bd Suppengrün

1 Lorbeerblatt

1 TL schwarze Pfefferkörner

1 kg Rindfleisch (flache Schulter)

Salz

2 Schalotten oder kleine Zwiebeln

1/2 Bd Petersilie

2 Eier

100 g Semmelbrösel

eventuell Schmant oder Crème fraîche

1/8 l Brühe vom Fleisch

1 Bd Schnittlauch

- Die Zwiebel abziehen, das Suppengrün putzen und waschen
- Beide Zutaten mit Lorbeerblatt, Pfefferkörnern und 1 l Wasser in einem Topf aufkochen
- Den Topf von der Kochstelle nehmen
- Rindfleisch in die Brühe geben und alles neben der Kochstelle 10 Minuten ziehen lassen
- Den Topf wieder auf die Kochstelle setzen, Fleisch in der Brühe bei schwacher Hitze in etwa 2 1/2 Stunden gar ziehen lassen, dabei einen Kochlöffel zwischen Topf und Deckel legen, damit das Fleisch nicht ganz zugedeckt ist
- Salz nach etwa 1 Stunde Garzeit zugeben
- Den Backofen auf 250 °C (Umluft 220 °C, Gas Stufe 5) vorheizen
- Die abgezogenen Schalotten und die gewaschene Petersilie sehr fein zerkleinern
- Mit Eiern, Semmelbröseln und einer kräftigen Prise Salz zu einem weichen, streichfähigen Teig vermischen
- Falls der Teig zu bröckelig ist, etwas Schmant oder Crème fraîche untermischen
- Das Fleisch aus der Brühe nehmen und in eine flache Gratinform legen
- Die abgemessene Brühe um das Fleisch gießen
- Den Semmelbröselteig auf dem Fleisch verteilen
- Die Form in den heißen Backofen (mittlere Schiene) stellen
- Das Fleisch 5 bis 10 Minuten backen, bis die Kruste goldgelb ist
- Mit einem scharfen Messer aufschneiden und die Portionen auf gut vorgewärmten Tellern mit Schnittlauchröllchen bestreut servieren
- Dazu passen Halbseidene (Kartoffelklöße halb und halb) oder Kartoffel-Endiviensalat, Preiselbeerkompott und frisch geriebener Kren (Meerrettich).

Tipp
Falls das Fleisch eine Fettschicht hat, schneidet man sie bis auf etwa einen Finger breit ab. Das abgeschnittene Fett würfeln und statt der Butter zum Anbraten der Zwiebeln nehmen.

Kärrnersbraten

Zutaten für 4 Personen

1,5 kg Rinderbrust (ohne Knochen)
Salz
schwarzer Pfeffer

Für die Füllung:

2 helle Weizenbrötchen
3 mittelgroße Zwiebeln
1 EL Butter
1 Bd Petersilie
250 g fränkische oder Nürnberger Bratwürste
2 Eier
Salz
schwarzer Pfeffer
geriebene Muskatnuss

Außerdem:

1 Bd Suppengrün
1 mittelgroße Möhre
etwa 150 g Knollensellerie
2 EL Öl
125 g Sahne

- In das Fleisch vom Metzger eine Tasche schneiden lassen
- Rinderbrust innen und außen salzen und pfeffern
- Die Brötchen in lauwarmem Wasser einweichen und wieder gut ausdrücken
- 2 Zwiebeln abziehen, klein würfeln, in der heißen Butter bei schwacher Hitze glasig braten und in eine Schüssel geben
- Brötchen, fein zerkleinerte Petersilie, aus der Haut gedrückte Bratwürste und Eier zufügen und mit einer Gabel zu einem geschmeidigen Teig kneten
- Mit Salz, Pfeffer und Muskatnuss kräftig abschmecken und in die Rinderbrust geben
- Die Öffnung mit Küchengarn zunähen
- Die Rinderbrust, geputztes Suppengrün und 3 l kaltes Wasser in einen Topf geben und bei schwacher Hitze im nicht ganz bedeckten Topf sehr langsam zum Kochen bringen (dauert etwa 1 Stunde)
- Fleisch herausnehmen und gut abtropfen lassen
- Von der Brühe 3/8 l zum Schmoren abmessen, den Rest für ein anderes Gericht verwenden
- Den Backofen auf 180 °C (Umluft 160 °C, Gas Stufe 2) vorheizen
- Die restliche abgezogene Zwiebel, die geschälte Möhre und den Sellerie fein zerkleinern
- Das Öl in einem Bräter erhitzen
- Zuerst das Fleisch darin rundherum kräftig braun anbraten und wieder herausnehmen
- Zwiebel, Möhre und Sellerie im heißen Öl anbraten
- Das Fleisch wieder in den Bräter legen
- Die Sahne mit dem abgemessenen Sud vermischt darüber gießen
- Den Braten im heißen Backofen (untere Schiene) zugedeckt etwa 1 1/2 Stunden schmoren, dabei häufig begießen
- Backofen ausschalten
- Fleisch vor dem Aufschneiden im offenen Bräter mit Alufolie bedeckt 15 Minuten ruhen lassen
- Den Schmorsud nach Wunsch sämig einkochen.

TIPP

Für die Originalsoße röstet man das Mehl in der Butter und gießt dann die Brühe zu. Doch mit der Mehlbutter geht es einfacher und der typische Buttergeschmack bleibt besser erhalten.

Krenfleisch

Zutaten für 4 Personen

Fleisch und Brühe:

750 g Rindfleisch zum Sieden (Nacken, Bug oder Tafelspitz)

1 Lorbeerblatt

1 große Zwiebel

1 dicke Stange Porree

1 mittelgroße Möhre

1 Stück Knollensellerie (etwa 150 g)

Salz

schwarzer Pfeffer

Für die Soße:

1 mittelgroße Stange frischer Meerrettich

2 EL weiche Butter (ca. 30 g)

2 gestrichene EL Mehl

1/4 l Brühe vom Fleisch

75 ml Sahne

1 EL Zitronensaft

1 EL fein zerkleinerte Petersilie

1/4 TL gemahlene Muskatblüte (Mazis)

Salz

schwarzer Pfeffer

1/2 Bd Schnittlauch

- 2 l Wasser zum Kochen bringen
- Den Topf von der Kochstelle nehmen, das Fleisch mit dem Lorbeerblatt ins Wasser legen und die Temperatur auf die kleinste Stufe zurückschalten
- Den Topf wieder auf die Kochstelle setzen und so viel heißes (nicht kochendes) Wasser zugießen, dass das Fleisch ganz davon bedeckt ist
- Fleisch zugedeckt ganz langsam zum Kochen bringen und in weiteren 30 bis 40 Minuten weich garen
- Zwiebel schälen und halbieren
- Den Porree putzen und waschen
- Die Möhre und den Sellerie schälen
- Gemüse in mundgerechte Stücke schneiden, zum Fleisch geben, alles mit Salz und Pfeffer würzen und zugedeckt weitere 10 bis 15 Minuten garen, bis es gerade eben bissfest ist
- Während das Fleisch gart, den Meerrettich für die Soße schälen und fein reiben
- Die Butter und das Mehl in ein Schälchen geben und mit einer Gabel zu einer gleichmäßigen Masse verkneten
- Die abgemessene Brühe in einem Topf zum Kochen bringen
- Die Mehlbutter einrühren und die Soße unter weiterem Rühren aufkochen, bis sie glatt ist
- Bei schwacher Hitze etwa 5 Minuten kochen lassen
- Meerrettich, Sahne, Zitronensaft, Petersilie und Muskatblüte untermischen, die Soße mit Salz und Pfeffer abschmecken
- Den Schnittlauch waschen, trockentupfen und in feine Röllchen schneiden
- Das Fleisch aus der Brühe nehmen, in Scheiben schneiden und auf Portionstellern anrichten
- Jede Portion mit einem halben Schöpflöffel Brühe übergießen
- Den Schnittlauch über das Fleisch streuen
- Die Meerrettichsoße dazu servieren.

Krenhaxe aus dem Sud

Zutaten für 6 Personen

7 schwarze Pfefferkörner
1 Lorbeerblatt
1 Bd Petersilie
Salz
2 Schweinehinterhaxen (ca. 1,2 kg)
1 große Zwiebel
200 g Knollensellerie
2 große Möhren
2 mitteldicke Stangen Porree
1/2 Stange frischer Meerrettich (ca. 20 cm lang)
2–3 EL Weißweinessig

- Etwa 1 1/2 l Wasser mit der gewaschenen Petersilie, Pfefferkörnern, Lorbeerblatt und Salz aufkochen
- Die Schweinshaxen zugeben, bei starker Hitze rasch bis knapp unter den Siedepunkt erhitzen und bei schwacher bis mittlerer Hitze 1 3/4 Stunden zugedeckt garen
- Die Zwiebel abziehen, den Sellerie und die Möhren schälen, den Porree putzen
- Das Gemüse in grobe Stücke schneiden und zu den Haxen geben
- Die Brühe erneut aufkochen und das Gemüse mit dem Fleisch noch etwa 15 Minuten garen, bis es weich ist
- Inzwischen den Meerrettich schälen, waschen und reiben
- Das Fleisch aus dem Sud nehmen, in Stücken vom Knochen lösen und in eine gut vorgewärmte Terrine legen
- Das Gemüse um das Fleisch anrichten
- Die Brühe mit dem Essig, eventuell auch mit Salz abschmecken und kochend heiß über Fleisch und Gemüse gießen
- Zum Schluss den Meerrettich darüber streuen und alles sofort servieren.

Tipp

Die Krenhaxe aus dem Sud ist typische Bauernküche für den Winter: unkompliziert und deftig. Dazu passen Sauerkraut und kräftiges Bauernbrot oder Petersilienkartoffeln.

Schweinehinterhaxen muss man gewöhnlich beim Metzger vorbestellen, denn sie werden nur noch selten verlangt.

Ganz wichtig: Das Essen muss sehr heiß auf den Tisch, denn die Brühe ist die „Soße" zu Fleisch und Beilage. Lauwarm schmeckt sie nicht mehr so gut.

Lammkeule
in Frankenwein

Zutaten für 8 Personen

1 unbehandelte Zitrone
2 Knoblauchzehen
1 Bd glatte Petersilie
1/2 l fränkischer Riesling
6 EL Olivenöl
1 Lammkeule (ca. 2 kg)
Salz
schwarzer Pfeffer
750 g kleine Zwiebeln
1 TL Zucker

Außer Zicklein, also junger Ziege, war Lammbraten beliebtes Osteressen in den fränkischen Bürgerküchen.

- Für die Marinade etwa die Hälfte der Zitronenschale dünn abschneiden und hacken
- Den Zitronensaft auspressen
- Die Knoblauchzehen ungeschält auf die Arbeitsfläche legen und mit einer Messerklinge grob zerdrücken
- Die Petersilienblättchen abzupfen
- Alles mit Wein und Öl verrühren
- Die Lammkeule darin zugedeckt im Kühlschrank etwa 24 Stunden marinieren, dabei mehrmals wenden
- Den Backofen auf 250 °C (Umluft 220 °C, Gas Stufe 5) vorheizen
- Die Lammkeule rundherum mit Salz und Pfeffer würzen und mit der Marinade in die Fettpfanne des Backofens legen
- Das Fleisch im heißen Ofen (untere Schiene) 30 Minuten schmoren
- Inzwischen die Zwiebeln mit kochendem Wasser übergießen, kurz ziehen lassen, abgießen und die Schalen abziehen
- Mit Salz, Pfeffer und Zucker mischen
- Den Ofen auf 180 °C (Umluft 160 °C, Gas Stufe 2) schalten
- Die Zwiebeln um die Lammkeule legen und alles weitere 60 Minuten schmoren
- Dabei häufig mit der Schmorflüssigkeit übergießen und die Keule einmal wenden
- Fleisch und Zwiebeln noch 15 Minuten im abgeschalteten Ofen ruhen lassen
- Die Keule tranchieren, mit den Zwiebeln anrichten und mit der Schmorflüssigkeit begießen.

Rinderzunge
in Bröselpanade

Zutaten für 4 Personen

1 Bd Petersilie

100 g Semmelbrösel

3 EL Öl

1 EL Butterschmalz

4 fingerdicke Scheiben gekochte Rinderzunge (fertig gekauft)

Salz

frisch gemahlener schwarzer Pfeffer

2 kleine Zitronen

- Die Petersilie waschen, trockentupfen und sehr fein zerkleinern, dabei die harten Stiele entfernen
- Petersilie und Semmelbrösel auf einem großen Teller vermischen
- Öl und Butterschmalz bei mittlerer Hitze heiß werden lassen, bis das Schmalz zerläuft
- Die Zungenscheiben auf beiden Seiten mit etwas heißem Fett bepinseln
- Mit Salz und grobem Pfeffer würzen und im Petersiliengemisch wenden
- Das Fett in der Pfanne nun richtig erhitzen und die Zungenscheiben darin bei mittlerer Hitze pro Seite etwa 3 Minuten braten
- Auf heißen Tellern mit den halbierten Zitronen zum Beträufeln anrichten und sofort servieren
- Dazu passen Petersilienkartoffeln und gemischter Salat oder Kartoffelsalat.

TIPP

Selbst gekocht schmeckt die Zunge natürlich noch besser, weil sie saftiger bleibt: Reichlich Wasser wie für Brühe aufkochen, Zunge darin rasch zum Kochen bringen und zugedeckt bei schwacher Hitze in knapp 3 Stunden weich garen. Zwischendurch zerkleinertes Suppengrün und die üblichen Gewürze wie Zwiebel, Zitronenschale, Kräuter, Salz, Pfefferkörner und Lorbeer zugeben. Rinderzunge herausnehmen, kalt abspülen, häuten und quer zu den Fasern in Scheiben schneiden. Mit einigen Esslöffeln heißer Brühe übergießen und zugedeckt warm halten, bis die Panade fertig ist.

Sauerbraten
mit Lebkuchensoße

Zutaten für 6 Personen

1/8 l Weißwein- oder Obstessig

1 Päckchen Sauerbratengewürz

1 kg Rindfleisch (Kugel)

Salz

weißer Pfeffer

1 Zwiebel

1 Bd Suppengrün

2 EL Öl

2 kleine Endstücke vom Ochsenschwanz

1 1/2 Soßenlebkuchen

1–2 EL Schmant

1 EL weißer oder roter Balsamessig

- Das Fleisch in eine Glas- oder Porzellanschüssel legen
- 3/4 l Wasser mit Essig und Sauerbratengewürz aufkochen
- Abgekühlt über das Fleisch gießen
- Das Fleisch zugedeckt 3 Tage im Kühlschrank beizen, währenddessen mehrmals wenden
- Für die Zubereitung den Braten aus der Beize nehmen und abtrocknen
- Rundherum mit Salz und Pfeffer einreiben
- Die Beize durch ein Sieb gießen und zum Schmoren beiseite stellen
- Das geputzte Suppengrün und die abgezogene Zwiebel fein zerkleinern
- Das Öl in einem Bräter erhitzen
- Fleisch und Ochsenschwanzstücke darin bei starker Hitze rundherum braun anbraten
- Wieder herausnehmen und auf einem Teller beiseite stellen
- Suppengrün und Zwiebel im Bratfett anrösten
- Nach und nach etwa zwei Drittel der Beize in den Schmortopf gießen und den Bratensatz damit lösen
- Fond bei starker Hitze unter Rühren sämig einkochen
- Den Soßenlebkuchen zerbröseln, zugeben und unter Rühren auflösen
- Braten und Ochsenschwanz wieder zufügen und zugedeckt bei schwacher Hitze in 2 bis 2 1/2 Stunden weich schmoren, dabei nach und nach den Rest der Beize zugießen und den Braten häufig mit dem Schmorsud begießen
- Den Braten herausnehmen, ruhen lassen und dabei warm halten
- Ochsenschwanz für ein anderes Gericht verwenden
- Den Schmorsud nach Wunsch durch ein Sieb passieren oder mit dem Stabmixer pürieren
- Mit Schmant verrühren, mit dem Balsamessig, Salz und Pfeffer kräftig abschmecken
- Den Braten in Scheiben schneiden, auf heißen Tellern anrichten und mit der Soße überziehen
- Dazu passen Kartoffelklöße.

Tipp

Soßenlebkuchen gibt es in Supermärkten, meist im Regal mit den Backzutaten. Sie machen den Sud sämig und runden die eigentlich saure Soße durch Zucker und sanfte „Weihnachtsgewürze" harmonisch ab.

Schweinefilet
Würzburger Art

Zutaten für 4 Personen

1 große Zwiebel
1 Bd Majoran
1 säuerlicher Apfel (Glockenapfel oder Gravensteiner)
600 g Schweinefilet
Salz
schwarzer Pfeffer
1–2 EL scharfer Senf
je 1 EL Öl und Butter
100 ml fränkischer Müller-Thurgau (oder anderer blumiger Weißwein)
1 Prise Zucker

- Die Zwiebel abziehen und in dünne Ringe schneiden
- Den Majoran waschen, trockentupfen und die Blättchen von den harten Stielen streifen
- Den Apfel achteln, schälen und das Kerngehäuse herausschneiden
- Schweinefilet trockentupfen, in zwei Finger dicke Scheiben schneiden, mit Salz und Pfeffer würzen und auf einer Seite mit Senf bestreichen
- Das Öl und die Butter in einer großen Pfanne erhitzen
- Die Schweinefilets darin bei starker bis mittlerer Hitze pro Seite 2 bis 3 Minuten braten
- Auf einer gut vorgewärmten Platte zugedeckt warm halten
- Zwiebel und Apfel mit Majoran im Bratfett bei mittlerer Hitze weich schmoren
- Den Wein zugießen und den Bratfond damit lösen
- Die Zwiebelmischung mit Zucker, wenig Salz und einer kräftigen Prise Pfeffer abschmecken und auf oder neben dem Fleisch anrichten.

Majoran passt zu Deftigem, das man in Franken so gerne mag: Schweineschäuferla (Rezept Seite 82) und Schlachtschüssel, Metzelsuppe und Gänsebraten. Das Kraut stärkt den Magen und macht Fettes leichter verdaulich. Außerdem ist es ganz unkompliziert: Majoran können Sie frisch essen, trocknen und mitkochen, ohne dass er sein Aroma verliert.

TIPP

Zum Schweinefilet schmeckt Kartoffelpüree. Andere typisch fränkische Beilagen: Grüner Salat und Reibekuchen. Die „Backes" sind in Franken zu Fleisch oder Gemüse mit Soße sehr beliebt. Als Hauptgericht isst man Reibekuchen auch zu Weinsauerkraut, Preiselbeerkompott und natürlich zu Apfelmus.

Schweinerippchen

Zutaten für 4 Personen

2 kg Schweinerippchen (Spareribs)

Salz, schwarzer Pfeffer

1 große Zwiebel

2 Knoblauchzehen

3 reife Tomaten

je 200 g Knollensellerie, Möhren und Petersilienwurzel

2 Stangen Porree

2 EL Öl

1/2 l trockener Frankenwein

1 TL Kümmelkörner

1 Lorbeerblatt

1 EL flüssiger Honig

1 EL Zitronensaft

1/8 l Fleischbrühe

1–2 EL fein zerkleinerte Petersilie

- Falls die Rippchen noch zusammenhängen, vom Metzger längs in Stücke von etwa zwei Rippen teilen lassen
- Die Rippchen kräftig mit Salz und Pfeffer würzen
- Die Zwiebel und den Knoblauch abziehen und fein würfeln
- Die Tomaten abziehen und vierteln
- Das Gemüse waschen und schälen oder schaben
- Sellerie, Möhren und Petersilienwurzel zuerst in dünne Scheiben, dann in bleistiftdicke Stifte schneiden
- Den Porree in fingerbreite Ringe teilen
- Das Öl in einem großen Schmortopf erhitzen
- Rippchen portionsweise darin bei starker bis mittlerer Hitze rundherum kräftig braun anbraten und wieder herausnehmen
- Zwiebel und Knoblauch im Bratfett goldgelb anbraten
- Dann das Gemüse zugeben und etwa 5 Minuten unter Rühren schmoren, ebenfalls herausnehmen
- Tomatenviertel ins Bratfett geben und kräftig anrösten
- Nach und nach den Wein zugießen und jeweils dick einkochen
- Das Gemüse auf dem Topfboden verteilen und mit dem Kümmel bestreuen
- Das Lorbeerblatt zwischen das Gemüse stecken
- Die Rippchen darauf legen
- Den Honig mit dem Zitronensaft verrühren und die Rippchen damit bestreichen
- Die Brühe zugießen und zum Kochen bringen
- Die Rippchen zugedeckt bei schwacher Hitze etwa 1 Stunde schmoren, bis sich das Fleisch von den Knochen löst
- Mit Salz und Pfeffer abschmecken und mit der Petersilie bestreut sehr heiß servieren.

Schweineschäuferla

Zutaten für 4 Personen

1 kg Schweineschulter

Salz

schwarzer Pfeffer

1 TL zerdrückte Kümmelkörner

1 große Zwiebel

1 Bd Suppengrün

1 Stück Rinde von altbackenem Schwarzbrot

etwa 1/4 l Brühe

4 EL dunkles Bier

Schäuferla ist die Schweineschulter, auch Bug genannt. Durch die dünne Fettschicht wird es schön saftig, die darüber liegende Schwarte – vom Metzger gleich in Rauten schneiden lassen! – ergibt die knusprige Kruste. In Franken isst man „Griena Kleeß" (siehe „Kloßkunde" Seite 13) dazu.

- Den Backofen auf 230 °C (Umluft 220 °C, Gas Stufe 5) vorheizen
- Fleisch rundherum mit Salz, Pfeffer und Kümmel einreiben und mit der Fett- oder Schwartenseite nach unten in einen Bräter legen
- 1/8 l kochendes Wasser zugießen
- Den Braten zugedeckt in den heißen Backofen (untere Schiene) stellen und 15 Minuten garen, bis das Wasser vollständig verdampft ist
- Inzwischen die Zwiebel abziehen und vierteln, das Suppengrün putzen und waschen
- Beide Zutaten um das Fleisch legen, Brotrinde zufügen
- Die Temperatur auf 200 °C (Umluft 180 °C, Gas Stufe 4) zurück schalten
- Das Fleisch nun ohne Deckel etwa 30 Minuten braten, bis es leicht gebräunt ist
- Fleisch wenden, so dass die Schwarte oben ist. Etwa die Hälfte der kochenden Brühe rundherum an den Seiten zugießen
- Fleisch 30 bis 45 Minuten braten, bis die Schwarte braun ist
- Dabei immer wieder mit dem Fond im Bräter beschöpfen und nach Bedarf die restliche kochend heiße Brühe zugießen
- Den Backofengrill zuschalten
- Die Schwarte mit dem Bier bestreichen und den Braten unter dem Grill knusprig werden lassen
- Brotrinde entfernen, den Braten in Scheiben schneiden und mit der Soße anrichten.

Tipp

Dazu passen Kartoffel- oder Semmelklöße, Krautsalat, Rotkohl oder Rosenkohl. Weitere Beilage ist im Winter Sauerkraut, im Sommer grüner oder gemischter Salat.

Kümmel kann man im Mörser zerdrücken. So schmeckt er viel besser als bereits gemahlen gekauft.

Bauchstecherla

Zutaten für 4–6 Personen

800 g mehlig kochende Kartoffeln

1 Zwiebel

1 TL Olivenöl

etwa 100 g Mehl

Salz

weißer Pfeffer

geriebene Muskatnuss

1 Ei

Butterschmalz, Kokosfett oder Olivenöl zum Backen

Diese Puffer aus gekochten Kartoffeln, früher Fastenessen, können Sie als süßes Hauptgericht zu Birnen-, Apfel- oder Zwetschgenkompott servieren. Wer es lieber herzhaft mag, isst gemischten Salat oder Sauerkraut dazu. Beilage sind Bauchstecherla in Franken auch zu allen möglichen Schmorbraten.

- Die Kartoffeln waschen und ungeschält in wenig Wasser weich kochen
- Kalt abschrecken, schälen und abkühlen lassen
- Die Zwiebel abziehen und klein würfeln
- In einem Pfännchen das Öl erhitzen, die Zwiebel darin bei schwacher Hitze glasig und weich braten
- Die Kartoffeln auf der Rohkostreibe fein reiben oder durch die Kartoffelpresse drücken
- Mit etwa 2/3 der Mehlmenge, Salz, Pfeffer, Muskat, Ei und der Zwiebel in eine große Schüssel geben
- Alles mit den Händen zu einem glatten Teig mischen
- Falls der Teig noch an den Fingern klebt, teelöffelweise das restliche Mehl untermischen
- Den Teig mit bemehlten Händen zu tischtennisballgroßen Kugeln formen
- Jede Kugel zu einem Fladen, dem „Bauchstecherla", flach drücken
- Das Fett zum Backen in einer großen Pfanne erhitzen
- Bauchstecherla portionsweise darin bei schwacher Hitze auf der Unterseite etwa 5 Minuten backen, bis sie sich leicht vom Pfannenboden lösen und schön goldbraun sind
- Wenden und in der offenen Pfanne weitere 5 bis 7 Minuten backen
- Die fertigen Bauchstecherla im Backofen bei 50 °C warm halten
- Den restlichen Teig ebenso backen.

TIPP

Die Bauchstecherla gelingen mit frisch gekochten Pellkartoffeln genauso gut wie mit Kartoffelresten vom Vortag.

Als Beilage reichen sie für 6 Personen.

Fränkische „Ravioli“

Zutaten für 4 Personen

Für den Teig:

250 g Mehl
Salz
2 EL Öl

Für die Füllung:

4 Scheiben Toastbrot
300 g frischer Spinat
1 Hand voll Brunnenkresse
1/2 Bd Petersilie
1 kleine Zwiebel
1 EL Öl
2 Eier
geriebene Muskatnuss
weißer Pfeffer
Mehl zum Ausrollen
2 EL Butter
100 g Semmelbrösel

- Mehl, 1 TL Salz, Öl und 5 EL lauwarmes Wassers in einer Schüssel vermischen
- Auf der Arbeitsfläche mit den Händen zu einem geschmeidigen Teig kneten
- Dabei eventuell nach und nach weitere 2 bis 3 EL lauwarmes Wasser unterkneten, bis der Teig weich genug zum Ausrollen ist, aber nicht an den Händen klebt
- Teig in Folie gewickelt 1 Stunde bei Zimmertemperatur ruhen lassen
- Inzwischen für die Füllung das Toastbrot in lauwarmem Wasser einweichen und wieder gut ausdrücken
- Den Spinat, die Brunnenkresse und die Petersilie waschen und trockenschleudern
- Alle drei Zutaten fein zerkleinern, dabei nur sehr harte Stiele entfernen
- Die Zwiebel abziehen und fein würfeln
- Das Öl in einer Pfanne erhitzen
- Toastbrot, Zwiebel, Spinat und Kräuter darin bei mittlerer bis starker Hitze unter Rühren schmoren, bis die Flüssigkeit verdampft ist
- In einer Schüssel abkühlen lassen
- Flüssigkeit, die sich dabei bildet, abgießen
- Eier, Salz und je eine kräftige Prise Muskat und Pfeffer unter die Füllung mischen
- Den Teig in zwei Portionen teilen
- Zwei Küchentücher mit wenig Mehl bestreuen
- Teig darauf zu etwa messerrückendicken, rechteckigen Platten ausrollen
- Etwa 30 Minuten trocknen lassen
- Die Füllung auf die Teigplatten streichen
- Dabei rundherum einen knapp fingerbreiten Rand lassen

- Die Teigplatten aufrollen und in etwa 4 cm breite Stücke teilen (siehe Tipp)
- In einem großen Topf reichlich Wasser mit Salz zum Kochen bringen
- Die Ravioli darin bei starker bis mittlerer Hitze 10 bis 15 Minuten kochen lassen
- Die Butter zerlassen, die Semmelbrösel darin leicht bräunen
- Die gut abgetropften Ravioli auf heißen Tellern anrichten
- Die Bröselbutter darüber verteilen.

TIPP

Die Ravioli müssen gut zusammengedrückt werden, sonst tritt die Füllung beim Garen aus. Deshalb die Rollen nicht mit einem scharfen Messer teilen, sondern mit dem Teigrädchen. In einem Nürnberger Kochbuch aus dem 19. Jahrhundert wird es so gemacht: einen Kochlöffelstiel in beide Hände nehmen und jedes Stück von der Teigrolle „schneiden“, indem man den Stiel kräftig nach unten drückt.

Gefüllte Wirsingblätter

Zutaten für 4–5 Personen

2–3 Köpfe Frühwirsing (ca. 1,5 kg)
1 Bd Petersilie
1 großes Stück unbehandelte Zitronenschale
1 große Zwiebel
1 Knoblauchzehe
2 Weizenbrötchen
200 g gemischtes Hackfleisch
2 Eier
2 EL Schmant
2 EL Tomatenmark
Salz
weißer Pfeffer
1/4 TL scharfes Paprikapulver
geriebene Muskatnuss
Fett für die Form

Zum Backen:

3 EL Schmant
1/8 l doppelt starke Fleisch- oder Gemüsebrühe (Instant)
50 g Butter

- Die Wirsingköpfe von allen welken Blättern befreien
- Die restlichen Blätter jeweils am Strunk tief einschneiden, ablösen und in reichlich sprudelnd kochendem Wasser blanchieren, bis sie geschmeidig sind
- Mit einem Schaumlöffel herausnehmen, abtropfen lassen und auf der Arbeitsfläche ausbreiten
- Die dicken Rippen herausschneiden
- Zum Schluss für die Füllung die „Wirsingherzchen" gerade eben weich garen
- Herausnehmen und gut abtropfen lassen
- Für die Füllung die „Herzchen", gewaschene Petersilie, Zitronenschale, abgezogene Zwiebel und Knoblauch fein zerkleinern
- Die Brötchen in lauwarmem Wasser einweichen und wieder gut ausdrücken
- Mit den zerkleinerten Zutaten, dem Hackfleisch, Eiern, Schmant, Tomatenmark, Salz, Pfeffer, Paprika und Muskat zu einem Fleischteig verarbeiten
- Die Wirsingblätter ebenfalls mit Salz und etwas Pfeffer aus der Mühle würzen
- Den Backofen auf 200 °C (Umluft 180 °C, Gas Stufe 3) vorheizen
- Eine große, möglichst runde, ofenfeste Form mit halbhohem Rand gut fetten
- Jeweils 2 Wirsingblätter aufeinander legen, einen Löffel Füllung darauf geben und die Blätter wie für Kohlrouladen zusammenrollen, aber nicht binden oder feststecken
- Die Rollen vom Rand beginnend dicht an dicht als Spirale in die Form legen
- Den Schmant mit der Brühe verrühren und darüber gießen
- Mit der Butter in Flöckchen belegen und in den heißen Ofen schieben
- Den Wirsing etwa 30 Minuten schmoren
- Eventuell noch etwas Brühe mit einem Löffel Schmant nachgießen
- Mit Salzkartoffeln servieren.

Bohnengemüse
mit gerösteten Mehlklößchen

Zutaten für 4 Personen

Für die Mehlklößchen:

375 g Dinkel- oder Weizenvollkornmehl

Salz

etwa 1/4 l Milch

2 Eier

Für das Bohnengemüse:

1 kg grüne Bohnen

1 Handvoll Salbeiblätter

4 dünne Scheiben Frühstücksspeck

2 EL Öl

1 EL Mehl

1/4 l Fleisch- oder Gemüsebrühe

Salz

weißer Pfeffer

Außerdem:

2 Eier

geriebene Muskatnuss

je 1 EL Schnittlauchröllchen und fein zerkleinerte Petersilie

- Das Mehl mit einer kräftigen Prise Salz, der Milch und den Eiern zu einem zähen Teig verrühren, den man gut mit einem Teelöffel portionieren kann, gegebenenfalls noch etwas Milch untermischen
- Teig zugedeckt ruhen lassen, bis die Bohnen vorbereitet sind
- Die Bohnen waschen, putzen und in fingerlange Stücke schneiden
- Gewaschene Salbeiblättchen und Frühstücksspeck in Streifen schneiden
- Reichlich Wasser zum Kochen bringen
- Die Bohnen darin etwa 5 Minuten sprudelnd kochen
- Mit einem Schaumlöffel herausnehmen und kalt abschrecken
- Das Kochwasser für die Klößchen erneut aufkochen
- Den Teig mit einem Teelöffel zu etwa walnussgroßen Klößchen abstechen und im sprudelnd kochenden Wasser einmal aufkochen
- Bei mittlerer Hitze garen, bis sie an der Oberfläche schwimmen
- Mit dem Schaumlöffel herausnehmen und in eine Schüssel geben, dabei einen Esslöffel Öl zufügen, damit sie nicht zusammenkleben
- Wenn die Klößchen gegart sind, das restliche Öl in einem großen Topf erhitzen, Frühstücksspeck und Salbei darin anbraten
- Bohnen und Mehl zugeben und einige Male umrühren
- Die Brühe zugießen und aufkochen
- Die Bohnen mit Salz und Pfeffer würzen und zugedeckt bei schwacher Hitze in 10 bis 15 Minuten gerade eben weich garen
- Inzwischen die Mehlklößchen in einer beschichteten Pfanne unter Wenden goldbraun anbraten
- Die Eier mit Salz, Pfeffer und Muskat verquirlen und darüber gießen
- Bei mittlerer Hitze stocken lassen
- Klößchen und Bohnen in gut vorgewärmte Schüsseln geben
- Klößchen mit dem Schnittlauch, Bohnen mit Petersilie bestreuen.

Grüne Bohnen und Salbei? Ja, denn als typisches Sommerkraut passt Salbei natürlich zum Sommergemüse grüne Bohnen. Glücklich, wer beides buchstäblich taufrisch aus dem eigenen Garten holen kann.

Mehl

Saure Rädla
mit Rindfleisch

Zutaten für 2 Personen

- 400 g kalter Rinderbraten oder Suppenfleisch
- 500 g kalte Pellkartoffeln
- 1–2 Gewürzgurken
- 1 kleine Zwiebel
- 1 EL Öl
- 1 knapper EL Mehl
- 1/4 l Brühe
- Salz
- 1–2 EL milder Obst- oder Balsamessig
- 2 EL fein zerkleinerte Petersilie

„Saure Rädla" heißen die Kartoffelscheiben wegen der fein säuerlichen Gurkensoße. Nehmen Sie ruhig weißen Balsamessig zum Abschmecken, weil er viel „sanfter" würzt als die meisten Weißweinessige, obwohl er im fränkischen Original selbstverständlich nicht vorkommt.

- Das Fleisch in fingerbreite Streifen oder daumennagelgroße Würfel schneiden
- Die geschälten Kartoffeln in Scheiben, die Gewürzgurken grob, die abgezogenen Zwiebeln fein würfeln
- Das Öl in einem Topf erhitzen
- Die Zwiebel darin bei schwacher Hitze glasig dünsten
- Das Mehl darüber streuen und goldbraun anrösten
- Die Brühe langsam zugießen und rühren, bis die Soße glatt ist
- Zugedeckt bei schwacher Hitze etwa 5 Minuten köcheln lassen
- Fleisch, Kartoffeln und Gurke zugeben
- Alles locker mischen und zugedeckt bei mittlerer Hitze heiß werden lassen
- Mit Salz und Essig abschmecken
- Die Hälfte der Petersilie untermischen, den Rest darüber streuen.

TIPP

Statt Fleisch schmeckt auch Fleischwurst und ein Löffel frisch geriebener Meerrettich gibt scharfe Würze.

Mit einer mehlig kochenden, stärkereichen Kartoffel wird die Soße auch ohne Mehl schön sämig

Bunter Gemüseeintopf

Zutaten für 4 Personen

3 große fest kochende Kartoffeln

3 junge Möhren

2 dünne Stangen Porree

2 Stangen Sellerie

1 kleiner Blumenkohl

100 g Zuckerschoten oder 300 g frische grüne Erbsen in den Schoten

1 Knoblauchzehe

1/2 Bd Petersilie

2 EL Olivenöl

200 g Rinderhackfleisch

1/4 l Gemüsebrühe

Salz

weißer Pfeffer

Im Sommer ist Petersilie wirklich aromatisch. Die Stiele deshalb nicht wegwerfen. Ganz fein geschnitten würzen sie das Gemüse beim Garen. Die zerkleinerten Blättchen kommen erst zum Schluss dazu – am besten je zur Hälfte in den Eintopf und zur Hälfte als aromatische Dekoration darüber.

- Die Kartoffeln schälen, waschen und würfeln
- Die Möhren schaben, waschen und in 1/2 cm dicke Scheiben schneiden
- Den Porree und den Sellerie waschen, putzen und die Stangen in fingerdicke Stücke schneiden; dabei das zarte Porreegrün und die Sellerieblättchen mitverwenden
- Den Blumenkohl putzen, in die einzelnen Röschen teilen und waschen
- Die Zuckerschoten putzen und waschen, Erbsen palen und waschen
- Den Knoblauch abziehen und sehr klein würfeln oder zerdrücken
- Die Petersilie waschen und trockentupfen
- Die Blättchen abzupfen und zum Bestreuen des Eintopfs beiseite legen, die Stiele ganz fein schneiden
- Das Öl in einem großen Topf erhitzen
- Das Fleisch darin bei mittlerer Hitze unter Rühren krümelig anbraten
- Das vorbereitete Gemüse, den Knoblauch und die zerkleinerten Petersilienstiele zugeben und unter ständigem Wenden etwa 3 Minuten mitdünsten
- Die Brühe zugießen, einmal kräftig aufkochen und den Eintopf zugedeckt bei schwacher bis mittlerer Hitze etwa 10 Minuten kochen, bis das Gemüse gerade eben bissfest ist
- Inzwischen die Petersilienblättchen fein zerkleinern
- Den Eintopf mit Salz und grobem Pfeffer aus der Mühle abschmecken
- Die Petersilienblättchen untermischen.

TIPP

Typische Beilagen zum „Schnitz", wie dieses Gericht in Franken heißt, sind Mischbrot oder helles Bauernbrot. Im Winter passt noch frisch geriebener, über den Eintopf gestreuter Meerrettich.

Kartoffelpfannkuchen
mit Apfelkompott

Zutaten für 2–3 Personen

Für die Pfannkuchen:

250 g mehlig kochende Kartoffeln
1/2 Bd Petersilie
2 Eier
50 g Mehl
1/4 l Milch
Salz, weißer Pfeffer
2 TL Butterschmalz
2 EL Öl

Für das Kompott:

600 mürbe Äpfel (z.B. Roter Boskop, Goldparmäne oder Morgenduft)
knapp 1/8 l Apfelmost
1 TL Vanillezucker
1–2 TL Honig

- Die Kartoffeln waschen und in wenig Salzwasser mit der Schale weich garen
- Kalt abschrecken, schälen und abkühlen lassen
- Für das Kompott die Äpfel vierteln, schälen und vom Kerngehäuse befreien
- In kleine Stücke schneiden und mit Most und Vanillezucker zum Kochen bringen
- Zugedeckt bei mittlerer bis schwacher Hitze 10 Minuten kochen
- Mit dem Honig vermischen
- Kartoffeln auf der Rohkostreibe fein reiben
- Die Petersilie waschen, trockentupfen und fein zerkleinern
- Die Eier mit dem Mehl, Salz, Pfeffer und Muskat verrühren
- Zuerst die Milch, dann Kartoffeln und Petersilie untermischen
- Die Hälfte von Butterschmalz und Öl in einer beschichteten Pfanne erhitzen
- Die halbe Menge Teig zugeben und zugedeckt bei schwacher Hitze auf der Unterseite etwa 10 Minuten backen, bis der Kuchen sich leicht vom Pfannenboden löst
- Den Kartoffelkuchen wenden und in der offenen Pfanne auf der zweiten Seite weitere 5 bis 7 Minuten backen
- Herausnehmen und bei 50 °C im Backofen warm halten
- Aus den restlichen Zutaten den zweiten Kartoffelpfannkuchen backen.

Tipp

Das Kompott schmeckt lauwarm am besten. Deshalb erst die Kartoffeln kochen, dann das Kompott zubereiten und im Topf zugedeckt neben der Kochstelle stehen lassen, bis die Pfannkuchen gebacken sind.

Für Gerichte aus Kartoffelteig brauchen Sie mehlige Knollen. Der hohe Anteil Kartoffelstärke hält den Teig zusammen. Neue oder Salatkartoffeln eignen sich nicht.

Kartoffelteig müssen Sie sofort verarbeiten. Beim längeren Stehen wird er matschig.

Krautsbraten

Zutaten für 4 Personen

1 Kopf Weißkohl (ca. 1 kg)
2 helle Weizenbrötchen vom Vortag
1 Zwiebel
100 g Rinderhackfleisch
1 EL Öl
2 Eier
Salz
weißer Pfeffer
geriebene Muskatnuss
abgeriebene Zitronenschale
3 dünne Scheiben durchwachsener Räucherspeck
50 g süße Sahne
5 EL Brühe
1/4 TL edelsüßes Paprikapulver

TIPP

Im Original wird der Braten nur mit Kohl und reichlich Hackfleisch zubereitet. Doch die Brötchen machen ihn saftiger.

- Reichlich Wasser zum Kochen bringen
- Den Weißkohl putzen, aber nicht zerkleinern
- In das sprudelnd kochende Wasser legen und 3 bis 4 Minuten kochen lassen, bis sich die äußeren Blätter leicht ablösen lassen
- Kohl herausnehmen und etwas abkühlen lassen
- Die Blätter oben am Strunk mit einem kleinen Messer abschneiden
- Sechs Blätter vorsichtig ablösen und die dicken Rippen flach schneiden
- Vier Blätter leicht überlappend in eine gefettete Auflaufform mit halbhohem Rand legen
- Den ganzen Kohlkopf achteln und in feine Streifen schneiden, dabei den Strunk entfernen
- Die Brötchen in lauwarmem Wasser einweichen
- Die abgezogene Zwiebel würfeln
- Das Öl in einer großen Pfanne zerlassen
- Zwiebel darin bei mittlerer bis schwacher Hitze glasig braten
- Rinderhackfleisch zugeben und krümelig braten
- Die Kohlstreifen zugeben und zugedeckt in etwa 6 Minuten knapp gar dünsten
- Alles in einer großen Schüssel lauwarm abkühlen lassen
- Den Backofen auf 200 °C (Umluft 180 °C, Gas Stufe 4) vorheizen
- Die gut ausgedrückten Brötchen, Eier, Salz und Gewürze zur Kohlmischung geben und alles miteinander verkneten
- Auf die Kohlblätter in der Form geben, mit den restlichen Kohlblättern abdecken und mit den Händen zu einem „Braten" formen
- Mit den Speckscheiben belegen
- Die Form in den heißen Backofen (mittlere Schiene) stellen und 50 bis 60 Minuten backen
- Nach etwa 30 Minuten die Sahne mit Brühe und Paprikapulver verrühren und um den Braten gießen
- Mit Kartoffelsalat servieren.

Spitzkohlfleckerla
mit Bröselnudeln

Zutaten für 2–3 Personen

Für das Gemüse:

Etwa 500 g Spitzkohl oder Frühwirsing
2 Schalotten
1 Knoblauchzehe
1 EL Olivenöl
3 EL Gemüsebrühe
2 EL Crème double oder Crème fraîche
1–2 EL Zitronensaft
Salz
schwarzer Pfeffer

Für die Nudeln:

250 g breite Eiernudeln
Salz
50 g Butter
3 EL Semmelbrösel
1 EL fein zerkleinerte Petersilie

TIPP
Statt der Nudeln schmecken Reibekuchen („Backes") zum Spitzkohl.

- Für das Gemüse den Spitzkohl oder Wirsing putzen, waschen und der Länge nach vierteln
- Die Viertel grob zerkleinern, dabei den Strunk und die dicken Rippen entfernen
- Die Schalotten und den Knoblauch abziehen und fein zerkleinern
- Schalotten und Knoblauch im heißen Öl bei schwacher Hitze glasig braten
- Kohl und Brühe zugeben, einmal aufkochen und zugedeckt bei schwacher bis mittlerer Hitze in 5 bis 10 Minuten bissfest garen
- Die Crème double untermischen und kurz aufkochen
- Das Gemüse mit Zitronensaft, Salz und Pfeffer abschmecken
- Für die Nudeln reichlich Wasser mit Salz aufkochen und die Nudeln darin nach Packungsaufschrift bissfest kochen
- Inzwischen die Butter bei schwacher Hitze schmelzen
- Die Brösel zugeben und unter häufigem Rühren goldgelb bis hellbraun rösten
- Nudeln abgießen und gut abtropfen lassen
- In einer gut vorgewärmten Schüssel mit der Bröselbutter und der Petersilie mischen, mit grobem Pfeffer aus der Mühle würzen und zum Kohl servieren.

Kohl und Nudeln sind eigentlich zwei Beilagen, die man zum gekochten Ochsenfleisch serviert, dem Mittelpunkt des fränkischen Hochzeitsessens (Seite 64). Hier sind sie miteinander kombiniert – für alle, die gerne kräftiges vegetarisches Essen mögen.

Zwiebelspatzen

Zutaten für 4–6 Personen

200 g geräucherter Bauchspeck in Scheiben

3 bis 4 große Zwiebeln

1 EL Olivenöl

1 Brühwürfel oder beliebige Suppenwürze

1 Paket Kloßteig für Rohe Klöße (ca. 800 g)

frisch gemahlener schwarzer Pfeffer

2 El fein zerkleinerte Petersilie

- Speckscheiben zuerst in Streifen, dann in kleine Würfel schneiden, dabei Schwarte und Knorpel entfernen
- Die Zwiebeln schälen und ebenfalls klein würfeln
- Das Öl in einer großen Pfanne erhitzen
- Den Speck darin bei schwacher Hitze braten, bis reichlich Fett ausgetreten ist
- Die Zwiebeln zugeben und weich und goldbraun braten, dabei immer wieder wenden
- In einem großen Topf etwa 2 l Wasser mit der Brühe aufkochen
- Vom Kloßteig mit einem Löffel knapp walnussgroße Stücke abstechen
- Jeweils zwischen den Handflächen zu fingerdicken „Würstchen" (Spatzen) rollen, dazu die Hände immer wieder mit kaltem Wasser befeuchten
- Die „Spatzen" in die sprudelnd kochende Brühe geben und etwa 5 Minuten kochen lassen
- Dabei hin und wieder vorsichtig mit einem Kochlöffel umrühren, damit die Spatzen nicht am Topfboden haften bleiben
- Nun halb zugedeckt bei schwacher Hitze etwa 10 Minuten sanft köcheln lassen
- Mit einem Schaumlöffel herausnehmen und in tiefe Portionsteller geben
- Jede Portion mit so viel Brühe übergießen, dass die Spatzen schön feucht sind, aber nicht in der Brühe schwimmen
- Speck und Zwiebeln über den Spatzen verteilen
- Mit grobem Pfeffer aus der Mühle würzen und möglichst heiß mit der Petersilie bestreut servieren.

Tipp

Die Kochbrühe nicht wegschütten. Sie ist schön sämig – eine feine Basis für Kartoffel-Gemüsesuppe mit reichlich „Poiterla" (Petersilie), dem Lieblingskraut der Franken. Als Einlage zum Sattessen können Sie dann Siedwürste, also Wiener bzw. Frankfurter Würstchen, darin erhitzen. Oder Sie rösten fränkische Bratwürste in der Pfanne und geben sie in Stückchen geschnitten zum Schluss in die Suppe.

Apfeltorte mit Weincreme

Zutaten für 1 Springform (26 cm)

Für den Teig:

200 g Mehl

100 g Butter

75 g Zucker

1 TL Vanillezucker

1 Ei

abgeriebene Schale von 1/2 unbehandelten Zitrone

Für den Belag:

1/4 l Apfelsaft

1/8 l trockener Weißwein

75 g Zucker

1 Päckchen Vanillepuddingpulver

200 g süße Sahne

1 kleines Ei

1 EL flüssiger Honig

500 g Äpfel (Cox Orange, Elstar oder Boskop)

2 EL Zitronensaft

- Das Mehl mit Butter, Zucker, Vanillezucker und Ei in eine Schüssel geben und mit den Knethaken des Handrührgerätes kurz vermischen
- Mit den Händen rasch zu einem glatten Mürbeteig verkneten, dabei esslöffelweise so viel kaltes Wasser unterkneten, dass der Teig gut zusammenhält, aber nicht klebt
- Eine Springform von 26 cm Durchmesser mit dem Teig auslegen, dabei einen etwa 3 cm hohen Rand formen
- Teigboden mit einer Gabel mehrmals einstechen und kühlen, bis der Belag vorbereitet ist
- Dafür aus Apfelsaft, Wein, Zucker und Puddingpulver nach Packungsanleitung einen dicken Pudding kochen
- Kochendheiß mit der halben Menge Sahne, dem Eigelb und dem Honig mischen und unter häufigem Umrühren abkühlen lassen
- Inzwischen Eiweiß und die restliche Sahne getrennt steif schlagen
- Die Äpfel vierteln, schälen, vom Kerngehäuse befreien, klein würfeln und mit dem Zitronensaft mischen
- Den Backofen auf 200 °C (Umluft 180 °C, Gas Stufe 3) vorheizen
- Den Tortenboden in den heißen Backofen (untere Schiene) stellen und 10 Minuten vorbacken
- Den Ofen auf 180 °C (Umluft 160 °C, Gas Stufe 2) zurückschalten
- Zuerst die Äpfel, dann Eischnee und Schlagsahne unter den Pudding mischen
- Alles auf dem Tortenboden glatt streichen
- Die Torte wieder in den Backofen schieben und in 40 bis 50 Minuten fertig backen
- In der Form abkühlen lassen und frisch servieren.

Tipp

Zu frisch gekochtem, noch lauwarmem Zwetschgenkompott und Vanilleeis mit Mandeln sind die saftigen Kuchenstücke ein wunderbares Dessert.

TIPP

Setzen Sie die Nudeln nicht zu eng nebeneinander, denn sie plustern sich beim Backen kräftig auf.

Den Backofen während der ersten 20 Minuten nicht öffnen, sonst fallen die Nudeln zusammen.

Gebackene Nudeln
mit Preiselbeeren

Zutaten für 4 – 6 Personen

250 g Preiselbeerkompott
60 g Butter
1 Prise Salz
150 g Mehl
4 mittelgroße Eier (M)
1 TL Backpulver
Fett und Mehl für die Backbleche
2 EL trockener Weißwein oder Wasser
2 EL Zucker
Puderzucker zum Bestäuben

- Das Preiselbeerkompott auf einem Sieb sehr gut abtropfen lassen, den Saft dabei auffangen
- Für den Brandteig 1/4 l Wasser mit Butter und Salz aufkochen und kochen lassen, bis die Butter zerlaufen ist
- Das gesamte Mehl unter Rühren hinzugeben
- Bei schwächster Hitze mit dem Kochlöffel weiterrühren, bis sich die Masse zu einem Kloß zusammenballt
- Den Teig in eine Schüssel geben
- Ein Ei mit den Knethaken des Handrührgerätes unter den heißen Teig mischen, damit er geschmeidig bleibt
- Den Teig lauwarm abkühlen lassen
- Die restlichen Eier und zum Schluss das Backpulver untermischen
- Den Backofen auf 180 °C (Umluft 160 °C, Gas Stufe 3) vorheizen
- Ein Backblech fetten und mit Mehl bestreuen
- Den Teig mit einem Spritzbeutel oder zwei Esslöffeln als tischtennisballgroße Häufchen auf die Bleche setzen, dazwischen etwa handbreite Abstände lassen
- Die Häufchen in der Mitte mit einem in Mehl getauchten Kochlöffelstiel eindrücken und mit Preiselbeeren füllen
- Das Blech in den heißen Backofen (mittlere Schiene) schieben und die Nudeln etwa 30 Minuten backen
- Nudeln sofort vom Blech lösen und auf einem Kuchengitter abkühlen lassen
- Das Blech erneut fetten, mit Mehl bestreuen und die zweite Portion Nudeln formen, füllen und backen
- Den Preiselbeersaft mit Wein und Zucker in einen Topf geben und dick wie Sirup einkochen
- Ganz abkühlen lassen
- Die Sahne steif schlagen und den Preiselbeersirup mit einer Gabel locker unterziehen
- Die Nudeln auf Portionstellern mit der Sahne anrichten
- Dünn mit Puderzucker bestreuen.

Grießflammeris
mit Weintrauben

Zutaten für 4 Personen

Für die Flammeris:

1/2 l Milch

70 g Hartweizengrieß

1 Prise Salz

abgeriebene Schale von 1/2 unbehandelten Zitrone

2–3 EL Zucker

2 Eier

Für die Trauben:

150 g helle Weintrauben

75 g Zucker

2 EL Zitronensaft

4–5 EL Kirschwasser oder Kirschgeist

- Die Milch mit Grieß, Salz, Zitronenschale und 2 EL Zucker unter Rühren aufkochen
- Den Grießbrei zugedeckt bei schwacher Hitze 10 Minuten garen, dabei häufig umrühren, damit er nicht am Topfboden anliegt
- Die Eier trennen
- Eigelb unter den heißen Flammeri rühren
- Eiweiß steif schlagen und ebenfalls unter den warmen Flammeri mischen
- Mit Zucker abschmecken und in vier kalt ausgespülte Dessertförmchen geben
- Flammeris zugedeckt im Kühlschrank etwa 12 Stunden ruhen lassen, bis sie so fest sind, dass man sie stürzen kann
- Die Weintrauben waschen, die Haut abziehen, die Früchte halbieren und gegebenenfalls entkernen, den Saft dabei auffangen
- Den Zucker mit 1 EL Wasser in einem Topf mischen und erhitzen, bis der Zucker goldgelb ist
- Trauben mit dem aufgefangenen Saft und dem Zitronensaft zugeben und bei starker Hitze einmal kräftig aufkochen
- Mit dem Kirschwasser oder -geist mischen und abkühlen lassen
- Flammeris auf Portionsteller stürzen und mit den Trauben servieren.

Glauben Sie es nicht, wenn man Ihnen sagt, Trauben müssen grün sein. In traditionellen Obstbaugebieten wie Franken wissen die Menschen noch, dass helle Trauben erst dann richtig schön reif und aromatisch sind, wenn die Sonne sie gelb gefärbt hat.
Und genau solche Früchte brauchen Sie für diese edle Nachspeise, die Sie gut vorbereiten können, denn Flammeris und kandierte Trauben sollten einen Tag im Kühlschrank ruhen.

Holunderlikör

Zutaten für etwa 2 Liter

800 g Holunderbeeren an den Dolden

250 g Zucker

1 l Kornbranntwein

- Eine große Schüssel mit kaltem Wasser füllen
- Die Holunderbeeren an den Dolden nacheinander darin vorsichtig schwenken
- In ein Sieb legen und abtropfen lassen
- Die Holunderbeeren mit einer Gabel von den Dolden streifen
- Mit 1/4 l Wasser aufkochen und zugedeckt bei schwacher Hitze 20 Minuten köcheln lassen
- Den Saft (siehe Tipps) mit dem Zucker wieder in den Topf geben und erneut aufkochen
- Abgekühlt mit dem Branntwein vermischen und in helle Flaschen füllen
- Mit einem Korken verschließen und vier Wochen auf eine sonnige Fensterbank stellen
- Holunderlikör durch eine Kaffeefiltertüte laufen lassen, wieder in die mit heißem Wasser (ohne Spülmittel) ausgewaschenen Flaschen füllen und verschließen.

Tipp

Traditionell zubereitet: Einen Stuhl oder Hocker mit den Beinen nach oben auf die Arbeitsfläche legen. Über die vier Beine ein Tuch legen und so festbinden, dass es etwas nach unten durchhängt. Ein Gefäß unter das Tuch stellen. Holunder mit dem Saft, der sich gebildet hat, in das Tuch geben und etwa zwölf Stunden stehen lassen, bis der Saft durch das Tuch in das Gefäß gelaufen ist. Die Beeren mit Hilfe des Tuches noch kräftig ausdrücken.

Schnell gemacht: Holunder mit dem Sud durch die „Flotte Lotte" passieren und gleich weiter verarbeiten.

Blitzrezept: … doch leider nicht ganz billig: 3/4 l ungesüßten Holundersaft aus dem Reformhaus nehmen, mit dem Zucker kochen und wie im Rezept beschrieben weiterverarbeiten.

Kirschkuchen
mit Gewürzen

Zutaten für 1 Springform (26 cm)

500 g dunkle Kirschen
50 g Mehl
50 g Speisestärke
50 g gemahlene Mandeln
je 1/2 TL Zimt- und Nelkenpulver
abgeriebene Schale von 1 unbehandelten Zitrone
1 Msp Backpulver
150 g weiche Butter
2–3 Eier (insgesamt etwa 150 g)
125 g feiner Zucker
1 TL gemahlene Vanille
Fett oder Backpapier für die Form
Puderzucker zum Bestäuben

- Die Kirschen waschen, abzupfen und entsteinen
- Den Backofen auf 200 °C (Umluft 180 °C, Gas Stufe 4) vorheizen
- Mehl, Speisestärke, Mandeln, Zimt, Nelken, Zitronenschale und Backpulver mischen
- Die Butter bei schwacher Hitze zerlassen und flüssig, aber nicht warm halten
- Die Eier trennen
- Die Eiweiß halb steif schlagen, Zucker und Vanille zugeben und weiterschlagen, bis der Schnee steif und cremig ist
- Die Eigelb nacheinander unter den Eischnee rühren
- Die Butter langsam zugießen und unterrühren
- Die Mehlmischung darüber streuen und unterziehen
- Eine Springform von 26 cm Durchmesser fetten oder mit Backpapier auslegen
- Den Teig darin glatt streichen und die Kirschen darauf verteilen
- Den Kuchen im heißen Backofen (untere Schiene) etwa 50 Minuten backen
- Die Stäbchenprobe machen, den garen Kuchen herausnehmen und in der Form 20 Minuten stehen lassen
- Herauslösen und auf einem Kuchengitter abkühlen lassen
- Zum Servieren mit Puderzucker bestreuen

Für Nicht-Franken ist der Name dieses Sommerkuchens ein Zungenbrecher. „Gwärzkerschkung" heißt er im Original. Es handelt sich um einen goldgelben Rührteig, gewürzt mit Zimt und Nelken, in den die wunderbar saftigen fränkischen Kirschen beim Backen sinken. Ein großer Topf Schlagsahne mit Vanillezucker und/oder Eis passen dazu – egal, ob Sie den Kuchen zum Kaffee oder als Dessert servieren.

Kirchweihküchlein

Zutaten für 12 Stück

500 g Mehl

20 g frische Hefe

1/4 Milch

2–3 EL Zucker

50 g Butter

1 Prise Salz

abgeriebene Schale von 1/2 unbehandelten Zitrone

1 mittelgroßes Ei (M)

1–2 EL Butter zum Bestreichen

Mehl und Butter zum Formen

750 g Butterschmalz zum Frittieren

50 g feiner Zucker oder Puderzucker zum Bestreuen

Kirchweihnudeln sind was für geübte Bäckerinnen. Wer's einfach will, macht „Kopfkissla". Die Stücke zu Fladen formen und frittieren. Dabei mit dem heißen Fett beschöpfen, damit sie sich schön aufplustern.

- Das Mehl in eine Schüssel geben und in die Mitte eine Mulde drücken
- Hefe hineinbröckeln und mit 4 EL lauwarmer Milch, 1 TL Zucker und Mehl vom Rand auflösen
- Diesen Vorteig zugedeckt bei Zimmertemperatur 15 Minuten ruhen lassen
- Inzwischen die Butter in der restlichen Milch zerlaufen lassen
- Den Vorteig mit dem gesamten Mehl verrühren
- Die Milch-Butter-Mischung, den restlichen Zucker, Salz, Zitronenschale und das zimmerwarme Ei zufügen
- Den Teig mit den Knethaken des Handrührgerätes etwa 5 Minuten rühren, bis er Blasen wirft
- Zugedeckt etwa 45 Minuten ruhen lassen, bis sich sein Volumen etwa verdoppelt hat
- Die Butter zum Bestreichen bei schwacher Hitze zerlassen und flüssig, aber nicht heiß halten
- Die Arbeitsfläche dünn mit Mehl bestreuen
- Vom Teig mit zwei Esslöffeln zwölf Stücke abstechen, dabei die Löffel immer wieder in Mehl tauchen, damit sich der Teig vom Löffel löst
- Die Stücke mit bemehlten Händen zu Kugeln formen, auf die Arbeitsfläche legen, mit der flüssigen Butter bestreichen und mit einem Küchentuch bedeckt bei Zimmertemperatur 15 Minuten ruhen lassen
- Die Fingerspitzen mit etwas weicher Butter einfetten
- Jede Teigkugel mit beiden Händen fassen, in der Mitte eindrücken und am Rand rundherum auseinander ziehen; dabei bildet sich in der Mitte der „Ausgezogenen" eine dünne Stelle, das „Fenster", das von einem Teigwulst umgeben ist
- Das Fett zum Frittieren heiß werden lassen
- Ein Knieküchlein vorsichtig ins heiße Fett gleiten lassen

- Mit einer Schöpfkelle ein- bis zweimal heißes Fett über das Küchlein geben, damit sich der Teig aufbläht und das „Fenster" einige Blasen bildet
- Sobald das Küchlein am Rand schön gebräunt ist, mit zwei Löffeln wenden und dabei das Fett aus der Mitte laufen lassen, sonst wird das „Fenster" braun
- Die Küchlein nacheinander backen, herausnehmen, auf Küchenpapier abtropfen lassen und heiß mit dem feinen Zucker oder abgekühlt mit dem Puderzucker bestreuen.

TIPP

Das „Fenster" darf beim Ausziehen keinen Riss bekommen, sonst bläht es sich nicht auf.

Beim Backen der ersten Seite ständig heißes Fett über das Küchla schöpfen, damit sich das Fenster nach oben wölbt.

Beim Wenden muss dann das Fett möglichst vollständig aus dem „Fenster" laufen, damit dieses appetitlich hell bleibt.

Nürnberger Eierzucker

Zutaten für 50–60 Stück
5 mittelgroße Eier (M)
400 g Zucker
500 g Mehl
100 g Speisestärke
1 TL Zitronensaft
1 große Msp Hirschhornsalz
1 EL Arrak oder Rum
abgeriebene Schale von 1 unbehandelten Zitrone
Backpapier für das Blech

TIPP *Die Eierzucker nach Wunsch mit Speisefarben wie Bilder bemalen.*

- Eier, Zucker, Mehl und Speisestärke über Nacht in einen warmen Raum stellen
- Die Eier trennen
- 3 Eiweiß mit dem Zitronensaft in einer Schüssel kühl stellen
- Das Hirschhornsalz im Arrak auflösen
- Mehl und Stärkemehl mischen
- Die Eigelbe mit den beiden verbliebenen Eiweiß, etwa 2/3 der Zuckermenge und der Zitronenschale zu einer dicken Schaummasse aufschlagen
- Hirschhornsalz untermischen
- Etwa die Hälfte der Mehlmischung über die Schaummasse sieben und mit einem Kochlöffel zu einem geschmeidigen Teig verrühren
- Die kalten Eiweiß steif schlagen, dabei nach und nach den restlichen Zucker unterschlagen
- Zuerst den Eischnee, dann das restliche Mehlgemisch unter den Teig rühren
- Teig in einem warmen Raum über Nacht ruhen lassen
- Die Arbeitsfläche mit wenig Mehl bestäuben
- Den Teig darauf 1/2 cm dick ausrollen
- Ein oder mehrere beliebige Holzmodel mit Mehl ausstreuen, als Muster in die Teigplatte drücken und wieder abnehmen
- Die Eierzucker am Rand der Muster mit einem scharfen Messer ausschneiden
- Mit dem Relief nach oben auf mit Küchentüchern belegte Arbeitsbretter oder Backbleche geben
- Die Eierzucker noch einmal 1 bis 2 Tage in einem warmen Raum trocknen lassen
- Den Backofen auf 180 °C (Umluft 160 °C, Gas Stufe 2) vorheizen
- Die Eierzucker auf mit Backpapier ausgelegte Bleche setzen und nacheinander in den heißen Ofen schieben
- In etwa 15 Minuten goldgelb backen
- Vom Backpapier lösen und auf einem Kuchengitter auskühlen lassen.

Tipp

Das Fett muss während des gesamten Backvorgangs richtig heiß sein, sonst saugen sich die Schürzkuchen voll und werden matschig. Deshalb zwischendurch einen Holzlöffelstiel ins Fett halten: Wenn kleine Bläschen daran aufsteigen, stimmt die Temperatur.

Schürzkuchen

Zutaten für 25–30 Stück

300 g Mehl
40 g Zucker
1 Prise Salz
abgeriebene Schale von 1/2 unbehandelten Zitrone
150 g süße Sahne
3 Eigelb
Mehl zum Ausrollen
100 g Butterschmalz, Kokosfett oder Öl zum Frittieren
feiner Zucker oder Puderzucker zum Bestreuen

- Das Mehl mit Zucker, Salz, Zitronenschale, Sahne und Eigelb vermischen und mit den Händen zu einem Teig verkneten, der sich gut ausrollen lässt
- 15 Minuten zugedeckt ruhen lassen
- Teig auf Mehl etwa 1/2 cm dick ausrollen und mit dem Teigrädchen in etwa 8 cm lange und 3 cm breite Rauten schneiden
- Etwa in die Mitte jeder Raute einen 3 cm langen Längsschnitt machen
- Die untere Teigecke der Rauten durch diesen Schnitt stecken
- Das Fett zum Frittieren erhitzen
- Die Schürzkuchen darin portionsweise in etwa 3 Minuten ausbacken, bis sie goldbraun und schön aufgegangen sind
- Mit einem Schaumlöffel herausnehmen und auf Küchenpapier abtropfen lassen
- Heiß mit Zucker bestreuen und zum Servieren gerade eben abkühlen lassen.

Die frittierten knusprigen Teilchen isst man zu Lichtmess. Früher begann am 2. Februar auf dem Land das neue Arbeitsjahr. Viele Knechte und Mägde suchten sich neue Stellen – in Nordfranken nannte man das „schürzen“. Zum Dank für geleistete Dienste bekamen sie von der Bäuerin beim Abschied nahrhaftes Schmalzgebäck.

Brotmännla mit Zwetschgen

Zutaten für 4 Personen

4 helle Weizenbrötchen vom Vortag

knapp 1/4 l lauwarme Milch

750 g Zwetschgen (siehe Kasten)

100 g Butter

75 g Zucker

1 TL Vanillezucker

3 Eier

abgeriebene Schale von 1/2 unbehandelten Zitrone

1 Prise Salz

1 EL Butter

2–3 EL Puderzucker

- Die Brötchen in dünne Scheiben schneiden, mit der Milch übergießen und darin ziehen lassen, bis die anderen Zutaten vorbereitet sind
- Den Backofen auf 180 °C (Umluft 160 °C, Gas Stufe 2) vorheizen
- Die Zwetschgen waschen und entsteinen
- Die weiche Butter mit Zucker und Vanillezucker schaumig rühren
- Die Eier trennen
- Zuerst Eigelbe, Zitronenschale und Salz, dann nach und nach die weichen Brötchenscheiben unterrühren, bis sich alles miteinander verbunden hat
- Eiweiß steif schlagen und unter den Teig ziehen
- Zum Schluss die Zwetschgen untermischen
- Teig in eine gefettete Auflaufform mit hohem Rand füllen, mit der Butter in Flöckchen belegen und mit 1 EL Puderzucker bestreuen
- Im heißen Backofen (untere Schiene) 40 bis 45 Minuten backen
- Herausnehmen, einige Minuten ruhen lassen und heiß mit dem restlichen Puderzucker bestreut servieren.

Diese Variante mit Zwetschgen können Sie ab Mitte September zubereiten, wenn die Fränkischen Hauszwetschgen auf den Markt kommen – ovale, kräftig dunkelblaue und „bereifte" Früchte mit goldgelbem, würzig süßsäuerlichem Fleisch, das sich gut vom Stein löst.

Tipp

Für Brotmännla eignen sich auch Äpfel, Kirschen oder Aprikosen. Nur frisch, reif und saftig müssen die Früchte sein.

Kerniger wird der Auflauf mit Vollkorn. Nehmen Sie Vollkornbrötchen mit feinem Mehl ohne Körner oder Gewürze wie Kümmel oder Koriander.

Versoffene Jungfern

Zutaten für 4 Personen

3/4 l halbtrockener Weißwein

1 Stück Zimtstange (ca. 3 cm lang)

3 Gewürznelken

1 daumenlanges Stück Schale und abgeriebene Schale von 1 unbehandelten Zitrone

3 EL Zitronensaft

3 Eier

75 g Zucker

1 Prise Salz

125 g Mehl

Butterschmalz, Kokosfett oder Öl zum Frittieren

4 EL Rosinen

- Den Wein mit Zimtstange, Nelken, dem Stück Zitronenschale und dem Zitronensaft aufkochen
- Zugedeckt ziehen lassen, bis die „Jungfern" gebacken sind
- Für die „Jungfern" die Eier trennen
- Eiweiß halb steif schlagen, den Zucker langsam zugeben und den Schnee ganz steif schlagen
- Mit Salz und etwas abgeriebener Zitronenschale würzen
- Die Eigelbe nacheinander unter den Eischnee rühren
- Das Mehl auf den Teig sieben und mit einem Schneebesen unterrühren
- Das Fett zum Frittieren erhitzen
- Den Teig mit zwei Teelöffeln zu etwa walnussgroßen Bällchen abstechen und portionsweise ins heiße Fett geben
- Die Bällchen rasch mit zwei Gabeln wenden und bei mittlerer bis schwacher Hitze in etwa 4 Minuten goldbraun backen
- Dabei noch ein- oder zweimal wenden
- Die „Jungfern" mit einem Schaumlöffel aus dem Fett nehmen und auf Küchenpapier abtropfen lassen
- Zimt und Zitronenschale aus dem Wein nehmen
- Den Wein mit den Rosinen in Schälchen oder große Suppentassen geben und die „Jungfern" darauf setzen und sofort servieren.

Tipp

Auf den heißen Wein gesetzt, wie im Rezept beschrieben, bleiben die Bällchen länger knusprig. Wenn man sie in den Tassen mit dem Wein übergießt, werden sie rasch weich.

Manchmal verlangt Essen auf dem Land eine ordentliche Portion „Standfestigkeit". Das gilt für die Jungfern aus dem heißen Würzwein allemal. Das Originalrezept für dieses Dessert nach einem leichten Essen stammt aus dem 19. Jahrhundert, eine Variante habe ich auch im handgeschriebenen Kochbuch meiner Mutter gefunden.

Weintraubentorte

Zutaten für 1 Springform (26 cm)

Für den Teig:

200 g Mehl
50 g Zucker
abgeriebene Schale von 1/2 unbehandelten Zitrone
1 Prise Salz
1 kleines Ei
100 g weiche Butter

Für den Belag:

600 g kleine weiße Weintrauben ohne Kerne
3 Eier
200 g Sahne
abgeriebene Schale von 1/2 unbehandelten Zitrone
2 EL brauner Zucker
3 EL gemahlene Walnusskerne
1 EL gehackte ungesalzene Pistazienkerne
1 TL Vanillezucker
2 TL Orangensaft

- Für den Teig Mehl, Zucker, Zitronenschale, Salz, Ei und Butter in einer Schüssel vermischen, bis alles krümelig ist
- Auf der Arbeitsfläche mit den Händen rasch zu einem glatten Teig zusammenkneten
- Falls der Teig nicht bindet, tropfenweise kaltes Wasser unterkneten
- Eine Springform von 26 cm Durchmesser mit dem Teig auskleiden, dabei einen etwa 3 cm hohen Rand formen
- Den Teigboden mit einer Gabel mehrmals einstechen und 30 Minuten kühlen
- Den Backofen auf 200 °C (Umluft 180 °C, Gas Stufe 4) vorheizen
- Die Weintrauben waschen und abzupfen
- Die Eier mit der Sahne und Zitronenschale verrühren
- Den Teigboden in den heißen Backofen auf die mittlere Schiene stellen und 10 Minuten vorbacken
- Den braunen Zucker mit Nüssen, Pistazienkernen und Vanillezucker vermischen
- Auf den Teigboden streuen und mit dem Orangensaft beträufeln
- Die Weintrauben darauf verteilen und mit der Eiersahne übergießen
- Die Torte wieder in den Ofen stellen und in etwa 40 Minuten fertig backen.

TIPP

Die Torte können Sie mit dem typisch fränkischem Obst den ganzen Sommer über backen. Sie schmeckt mit Kirschen, Aprikosen, Zwetschgen, Äpfeln oder Birnen.

Rezeptverzeichnis

Bildquellen
Hans Reinhard: S. 4, 8, 11 (2), 12
Stadt Nürnberg: S. 6
Tourismusverband Franken e. V.: S. 7
Alle anderen Fotos und die Rezeptfotos stammen von Fridhelm Volk.

Bibliografische Information Der Deutschen Bibliothek
Die Deutsche Bibliothek verzeichnet diese Publikation in der Deutschen Nationalbibliografie; detaillierte bibliografische Daten sind im Internet über http://dnb.ddb.de abrufbar.

Wollgrasweg 41, 70599 Stuttgart (Hohenheim)
E-Mail: info@ulmer.de
Internet: www.ulmer.de

Lektorat: Dr. Gabriele Lehari, Ina Vetter
Umschlag- und Innengestaltung: WILDE2 Grafikdesignduo, Stuttgart
Herstellung: Martina Gronau
Druck und Bindung: Offizin Andersen Nexö, Leipzig
Printed in Germany

ISBN 3-8001-4238-4

Spätzle, Maultaschen, Filettöpfle, Nonnenfürzle und Pfitzauf – die schwäbische Küche bietet nicht nur originelle Namen, sondern auch himmlischen Genuss!
Landfrauen-Rezepte aus Schwaben. *C. Daiber, F. Volk. 2003. Etwa 128 Seiten, 60 Farbfotos. ISBN 3-8001-4238-4.*

Lieben Sie Kartoffelklöße? Mögen Sie es so richtig deftig? Oder backen Sie gern? Dann ist die Thüringer Küche genau das richtige für Sie. Lernen Sie Faule-Weiber-Klöße, Hossehüh und Schnapphütes kennen!
Landfrauen-Rezepte aus Thüringen. *O. Tietz, F. Volk. 2003. Etwa 128 Seiten, 60 Farbfotos. ISBN 3-8001-4220-1.*

Ein vergnügliches Lesebuch mit vielen Rezepten – nicht nur für Schwaben!
Spätzle, Maultaschen & Co. *E. Knittel, R. Maurer. 2003. 190 S., 56 Farbf., 5 Zeichn. ISBN 3-8001-3877-8.*

Backen Sie gerne und suchen Sie neue Anregungen für leckere Kuchen und Torten? Mit diesen Rezepten für saftige Obstkuchen, schnelle Blechkuchen, feines Gebäck und cremige Torten aus ganz Deutschland bringen Sie Abwechslung auf Ihre Kaffeetafel.
Landfrauen-Rezepte – Backen. *O. Tietz, F. Volk. 2003. Etwa 128 Seiten, 60 Farbfotos. ISBN 3-8001-4222-8.*

Dies sind die echten Landfrauen-Rezepte! Die 22 Landesverbände des Deutschen LandFrauen Verbandes stellen in diesem Buch Ihre Region mit leckeren Rezepten vor. Köstliche und typische Gerichte aus ganz Deutschland, von erfahrenen Köchinnen gesammelt, vom Deutschen LandFrauen Verband geprüft und für Sie aufgeschrieben.
Echte LandFrauen Rezepte. *Köstliches aus allen Landschaften Deutschlands. Deutscher Land Frauen Verband. 2003. 144 Seiten, 66 Farbfotos. ISBN 3-8001-4259-7.*